BESTACTIVITYBOOKS.COM

Copyright © 2022 LINGUAS CLASSICS

Tutti i diritti riservati. Nessuna parte di questo libro può essere riprodotta o usata in alcun modo senza il permesso scritto del detentore del copyright, eccetto per l'uso di citazioni in una recensione del libro.

PRIMA EDIZIONE 2022

Illustrazione Grafica Extra: www.freepik.com
Grazie a Alekksall, Starline, Pch.vector, Rawpixel.com, Vectorpocket, Dgim-studio, Upklyak, Macrovector, Stockgiu, Pikisuperstar & Freepik.com Designers

Scoprire i Giochi Gratuiti Online

Disponibile Qui:

BestActivityBooks.com/FREEGAMES

5 CONSIGLI PER INIZIARE

1) COME RISOLVERE LE PAROLE INTRECCIATTE

I puzzle hanno un formato classico:

- Le parole sono nascoste senza spazi o trattini,...
- Orientamento: Le parole possono essere scritte in avanti, indietro, verso l'alto, verso il basso o in diagonale (possono essere invertite).
- Le parole possono sovrapporsi o intersecarsi.

2) APPRENDIMENTO ATTIVO

Accanto ad ogni parola c'è uno spazio per scrivere la traduzione. Per incoraggiare l'apprendimento attivo, un **DIZIONARIO** alla fine di questa edizione vi permetterà di controllare e ampliare le vostre conoscenze. Cerca e scrivi le traduzioni, trovale nel puzzle e aggiungile al tuo vocabolario!

3) SEGNARE LE PAROLE

Puoi inventare il tuo sistema di segni. Forse ne usi già uno? Per esempio, puoi segnare le parole difficili da trovare con una croce, le parole preferite con una stella, le parole nuove con un triangolo, le parole rare con un diamante, e così via.

4) STRUTTURARE L'APPRENDIMENTO

Questa edizione offre un **TACCUINO** alla fine del libro. In vacanza, in viaggio o a casa, puoi organizzare facilmente le tue nuove conoscenze senza bisogno di un secondo quaderno!

5) AVETE FINITO TUTTE LE GRIGLIE?

Nelle ultime pagine di questo libro, nella sezione della **SFIDA FINALE**, troverete un gioco gratuito!

Facile e veloce! Dai un'occhiata alla nostra collezione di libri di attività per il tuo prossimo momento di divertimento e **apprendimento,** a portata di clic!

Trova la tua prossima sfida su:

BestActivityBooks.com/MioProssimoLibro

Ai vostri posti, pronti...Via!

Sapevi che ci sono circa 7.000 lingue diverse nel mondo? Le parole sono preziose.

Amiamo le lingue e abbiamo lavorato duramente per creare libri di altissima qualità. I nostri ingredienti?

Una selezione di argomenti adatti all'apprendimento, tre buone porzioni di intrattenimento, una cucchiaiata di parole difficili e una spolverata di parole rare. Li serviamo con amore e entusiasmo in modo che tu possa risolvere i migliori giochi di parole e divertirti imparando!

La vostra opinione è essenziale. Puoi partecipare attivamente al successo di questo libro lasciandoci un commento. Ci piacerebbe sapere cosa ti è piaciuto di più di questa edizione.

Ecco un link veloce alla pagina dell'ordine:

BestBooksActivity.com/Recensione50

Grazie per il vostro aiuto e buon divertimento!

Tutta la squadra

1 - Scacchi

ป	ม	บ	ก	เ	ธ	เ	ก	ม	พ	ค	ไ	ร	ญ
ฉ	ช	เ	ษ	ย	ส	ร	ษ	ส	แ	ะ	พ	ผ	บ
ล	ว	ส	ั	ไ	จ	ี	แ	ภ	ข	แ	เ	ู	ศ
า	ก	ั้	ต	ด	ค	ย	ด	ร	ก	น	ไ	ั้	ค
ด	บ	น	ร	ญ	ว	น	ศ	ำ	ล	น	ถ	เ	ฝ
อ	ุ	ท	ิ	ศ	ี	ร	แ	ป	ย	ก	ภ	ล	ะ
ภ	อ	แ	ย	ผ	น	ู	ช	ห	ุ	อ	ฎ	่	ค
ณ	ะ	ย	์	แ	ษ	ั้	ม	เ	ท	ย	ข	น	ู
ศ	อ	ง	อ	ภ	อ	ะ	ป	ภ	ธ	ฉ	ฝ	ง	่
น	ถ	ม	ด	ณ	ป	ณ	์	เ	์	เ	ป	ป	แ
ห	ก	ุ	ห	ไ	ว	อ	ค	า	ย	ว	ท	น	ข
ซ	ส	ม	ท	อ	ษ	ศ	ไ	ษ	ข	ล	ซ	ข	่
ข	ษ	ค	ว	า	ม	ท	ั้	า	ท	า	ย	ร	ง
ก	า	ร	แ	ข	่	ง	ข	ั	น	ท	ว	ู	ต

คู่แข่ง
ขาว
แชมป์
เส้นทแยงมุม
ผู้เล่น
เกม
ฉลาด
สีดำ
รู
เรียนรู้
คะแนน
กษัตริย์
ควีน
กฎ
อุทิศ
ความท้าทาย
กลยุทธ์
เวลา
การแข่งขัน

2 - Strumenti

ค	ง	ป	ข	ช	ก	ต	ฝ	ฉ	ภ	ต	ญ	ไ	พ
บ	ก	ส	ก	ร	◌ุ	อ	ธ	ธ	ษ	ฝ	ฝ	ฉ	ล
เ	ร	ถ	ต	ะ	ล	◌ุ	ม	พ	◌ุ	ก	ช	ฟ	◌ั
พ	ร	ษ	ญ	ฝ	◌ั	ไ	ฉ	◌ี	ว	า	ฟ	ป	◌่
ล	ไ	เ	ช	◌ื	อ	ก	เ	บ	ด	ห	ป	ษ	ว
◌ิ	ก	ม	◌ี	ด	โ	ก	น	ฉ	า	ล	ไ	ะ	ผ
ง	ร	บ	◌ั	น	ไ	ด	ไ	อ	ส	ข	ไ	ค	ค
ภ	ไ	า	ข	ป	ไ	บ	ล	ต	ก	า	ว	ย	ข
ส	ไ	ฟ	ย	ฟ	า	ด	แ	ศ	ช	ซ	ฉ	า	จ
ห	อ	ค	◌ื	ม	ะ	แ	า	ศ	ท	ษ	ศ	บ	น
ฉ	ผ	ข	◌ั	ภ	ร	ง	เ	ะ	อ	า	ษ	ฉ	ก
ธ	แ	บ	ร	อ	ส	า	ย	เ	ค	เ	บ	◌ิ	ล
ฟ	ท	ษ	ฝ	ศ	น	ด	เ	ถ	ช	ษ	ภ	แ	จ
ป	ษ	ร	ช	ณ	ไ	ม	◌้	บ	ร	ร	ท	◌ั	ด

ขวาน
สายเคเบิล
กาว
มีด
เชือก
กรรไกร
ตะลุมพุก
ค้อน

พลั่ว
คีม
มีดโกน
ไม้บรรทัด
ล้อ
บันได
คบเพลิง
สกรู

3 - Aggettivi #2

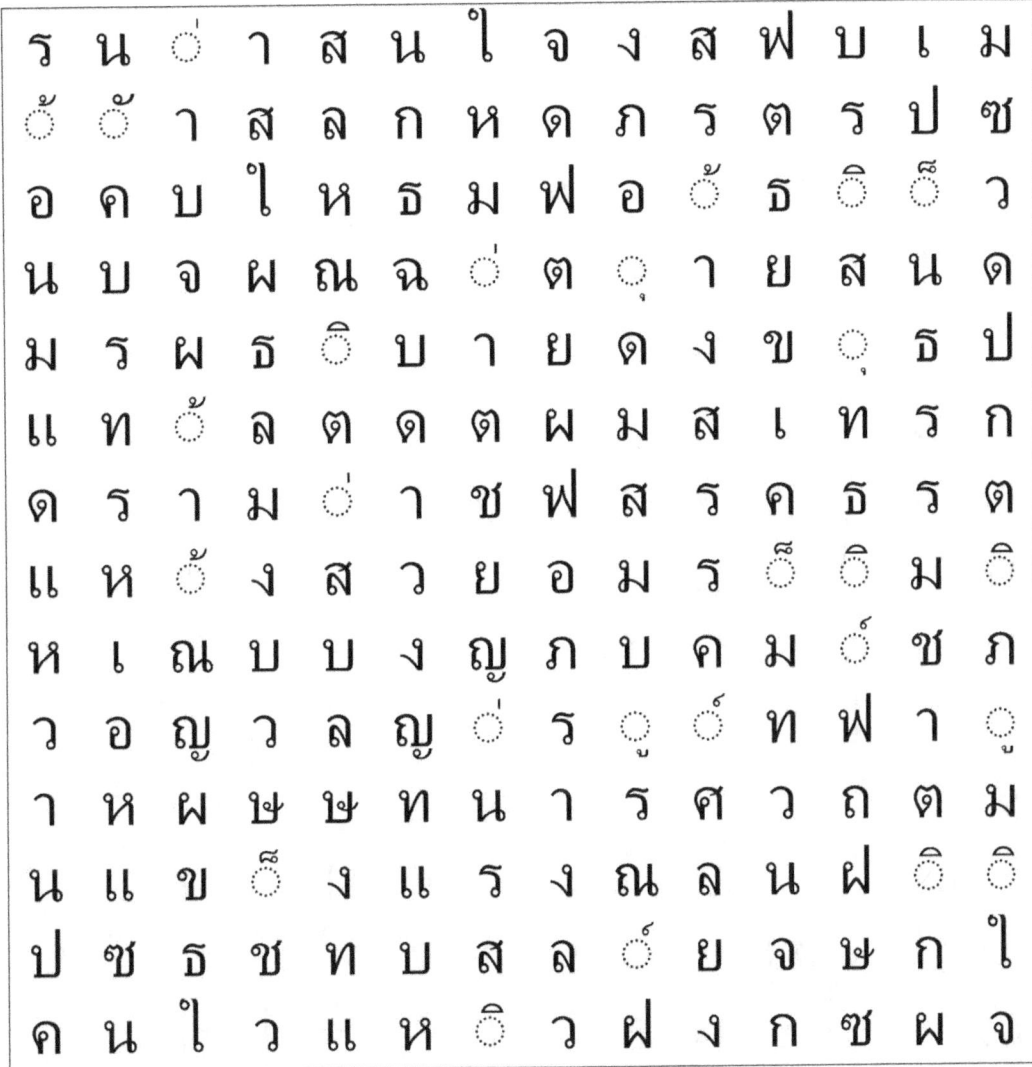

ร	น	◌่	า	ส	น	ใ	จ	ง	ส	ฟ	บ	เ	ม
◌้	◌ั	า	ส	ล	ก	ห	ด	ภ	ร	ต	ร	ป	ซ
อ	ค	บ	ไ	ห	ธ	ม	ฟ	อ	◌้	ธ	◌ิ	◌็	ว
น	บ	จ	ผ	ณ	ฉ	◌่	ต	◌ุ	า	ย	ส	น	ด
ม	ร	ผ	ธ	◌ิ	บ	า	ย	ด	ง	ข	◌ุ	ธ	ป
แ	ท	◌้	ล	ต	ด	ต	ผ	ม	ส	เ	ท	ร	ก
ด	ร	า	ม	◌่	า	ช	ฟ	ส	ร	ค	ธ	ร	ต
แ	ห	◌้	ง	ส	ว	ย	อ	ม	ร	◌็	◌ิ	ม	◌ิ
ห	เ	ณ	บ	บ	ง	ญ	ภ	บ	ค	ม	◌์	ช	ภ
ว	อ	ญ	ว	ล	ญ	◌่	ร	◌ู	◌์	ท	ฟ	า	◌ู
า	ห	ผ	ษ	ษ	ท	น	า	ร	ศ	ว	ถ	ต	ม
น	แ	ข	◌็	ง	แ	ร	ง	ณ	ล	น	ฝ	◌ิ	◌ิ
ป	ซ	ธ	ช	ท	บ	ส	ล	◌์	ย	จ	ษ	ก	ไ
ค	น	ไ	ว	แ	ห	◌ิ	ว	ฝ	ง	ก	ซ	ผ	จ

หิว
แห้ง
แท้
ร้อน
สร้างสรรค์
ธิบาย
หวาน
ดราม่า
สง่า
น่าสนใจ
เป็นธรรมชาติ
ปกติ
ใหม่
ภูมิใจ
อุดมสมบูรณ์
บริสุทธิ์
รับผิดชอบ
เค็ม
แข็งแรง

4 - Mobili

ก	พ	พ	ร	ฉ	ช	ฝ	พ	อ	ถ	ล	ฟ	จ	พ
ฟ	ร	ษ	ซ	ผ	โ	ซ	ฟ	า	ด	พ	ท	ห	ฟ
อ	ม	ะ	ห	ว	ค	ร	ม	ร	ฉ	ฉ	เ	น	ญ
ด	ไ	ฟ	จ	ม	ม	ช	ฉ	◌์	ค	ก	ไ	ว	น
ร	ด	ญ	ท	ก	ไ	พ	ต	ม	ฝ	ฟ	ษ	ด	ฝ
า	ช	น	ด	ถ	ฟ	เ	ช	◌ั	◌้	น	ว	า	ง
ห	ช	บ	ท	ษ	อ	ต	ร	ว	ฉ	ม	ล	แ	ผ
ก	ม	ฟ	◌ู	ก	พ	◌ี	ต	ร	ฟ	◌้	ท	ไ	◌้
พ	ย	อ	ส	ข	า	ย	น	◌์	ย	า	◌ี	ย	า
ท	ท	ไ	น	ต	ไ	ง	ซ	อ	น	น	◌่	ธ	ม
ต	◌ู	◌้	ห	น	◌ั	ง	ส	◌ื	อ	◌ั	น	โ	◌่
เ	ก	◌้	า	อ	◌ี	◌้	ะ	ค	ฝ	◌่	อ	ต	า
เ	ป	ล	ญ	ว	น	น	า	ศ	บ	ง	น	◌๊	น
ณ	ห	ม	อ	น	อ	◌ิ	ง	ก	ะ	ไ	ฝ	ะ	ภ

เปลญวน
อาร์มัวร์
หมอนอิง
หมอน
โซฟา
ฟูก
โคมไฟ
เตียง
ตู้หนังสือ
ที่นอน
ม้านั่ง
ชั้นวาง
โต๊ะ
เก้าอี้
กระจก
พรม
ผ้าม่าน

5 - Pesca

อ	ข	ส	ณ	ท	ะ	เ	ล	ส	า	บ	ฤ	ษ	ม
ต	ะ	ก	ร	◌้	า	ห	ศ	ฟ	ต	ม	ด	ร	ค
ค	ค	ร	◌ี	บ	น	น	ซ	ไ	ข	บ	◌ู	น	ศ
ว	ท	◌ำ	อ	า	ห	า	ร	เ	ห	ง	◌ื	อ	ก
า	เ	น	ม	◌ุ	ะ	อ	ด	ร	แ	แ	ฝ	ข	ส
ม	ห	ผ	ห	ห	ป	ฝ	ณ	◌ี	ล	ม	ข	ศ	ช
อ	ย	ฉ	า	ะ	ณ	ก	ต	อ	เ	◌่	ก	ญ	า
ด	◌ี	น	ส	ท	ญ	น	ร	อ	ช	น	ษ	ม	ย
ท	◌่	◌้	ม	ต	ถ	พ	ช	ณ	ถ	◌้	◌้	ผ	ห
น	อ	◌ำ	◌ุ	ะ	จ	ษ	ค	ซ	◌์	◌ำ	พ	◌ำ	า
ะ	ท	ห	ท	ข	า	ก	ร	ร	ไ	ก	ร	ณ	ด
แ	ท	น	ร	อ	ะ	ล	แ	ะ	ษ	ญ	อ	ม	ถ
น	ม	◌ั	ล	ศ	อ	ว	ต	ศ	ษ	ส	ษ	ล	แ
ฝ	ส	ก	ล	พ	ส	ด	พ	ษ	ข	น	ภ	ษ	ม

น้ำ
อุปกรณ์
เรือ
เหงือก
ตะกร้า
ทำอาหาร
เหยื่อ
ลวด
แม่น้ำ
ตะขอ
ทะเลสาบ
ขากรรไกร
มหาสมุทร
ความอดทน
น้ำหนัก
ครีบ
ชายหาด
ฤดู

6 - Aggettivi #1

ส	ส	ไ	ภ	พ	ร	ใ	ะ	ไ	ท	ศ	ซ	ล	ช
บ	◌ำ	ผ	ถ	ข	ข	จ	ช	พ	ะ	◌ิ	◌ี	◌ึ	ต
ก	ไ	ค	ษ	ม	ณ	ก	◌้	ท	เ	ล	◌่	ก	ล
ไ	ฝ	บ	◌ั	ผ	ม	ว	า	ม	ย	ป	อ	ฝ	ไ
ณ	จ	ญ	ท	ญ	า	◌้	ถ	ช	อ	ะ	ส	ค	ะ
ม	◌ี	ค	◌่	า	ก	า	ข	ห	ท	ธ	◌ั	ส	ง
ช	ห	ล	ส	แ	ห	ง	ฝ	น	ะ	บ	ต	ม	ล
ต	น	ร	ง	ป	ต	อ	ต	◌ุ	ย	ย	ย	บ	ป
แ	◌ั	ฝ	ฝ	ล	ญ	อ	ม	◌่	า	า	◌์	◌ู	แ
ไ	ก	ด	ษ	ก	บ	า	ง	ม	น	ว	ข	ร	น
ป	ห	ะ	ข	ไ	ท	◌ั	น	ส	ม	◌ั	ย	ณ	◌่
ย	ม	ญ	ล	ห	ไ	ง	บ	า	ห	ร	ศ	◌์	น
ท	ป	ผ	◌่	ม	ห	า	ศ	ว	อ	ผ	ฉ	ว	อ
ษ	ภ	ว	า	◌่	เ	ห	ม	◌ื	อ	น	ก	◌ั	น

ทะเยอทะยาน
หอม
ศิลปะ
แน่นอน
แปลกใหม่
ใจกว้าง
หนุ่มสาว
ใหญ่
เหมือนกัน
สำคัญ

ช้า
ยาว
ทันสมัย
ซื่อสัตย์
สมบูรณ์
หนัก
มีค่า
ลึก
บาง

7 - Geologia

แ	ป	ภ	า	า	แ	ไ	ค	น	ช	ท	ข	น	บ
ร	ะ	◌ู	ช	ก	ง	ข	ว	เ	แ	◌ั	ว	ย	ว
◌่	ก	เ	ห	◌ิ	น	ง	อ	ก	ค	ถ	◌้	◌ี	ต
ธ	า	ข	◌ิ	ท	ห	ซ	ท	ล	ล	◌้	ต	น	ป
า	ร	า	น	◌ี	◌ิ	ศ	ซ	◌ี	เ	◌ำ	แ	ด	ต
ต	◌ั	ไ	อ	◌่	น	ท	◌์	อ	ซ	ค	ถ	ผ	ข
◌ุ	ง	ฟ	ส	ร	ย	ฟ	ะ	อ	◌ี	ส	า	จ	ฟ
ก	ล	า	ว	า	◌้	จ	อ	ญ	ย	ฝ	ย	แ	ต
ร	◌่	อ	น	บ	อ	ซ	จ	ส	ม	ก	ฝ	า	ภ
ด	ด	ภ	ใ	ส	ย	ไ	ก	เ	ซ	อ	ร	◌์	ะ
ะ	ย	เ	อ	◌ู	ไ	ญ	ช	ห	า	◌ิ	ย	ธ	ช
ณ	ว	ใ	ณ	ง	ส	ฟ	ส	ข	ณ	ฟ	ล	น	ผ
ต	ศ	อ	แ	ฉ	ณ	ก	ค	ร	◌ิ	ส	ต	◌ั	ล
แ	ผ	◌่	น	ด	◌ิ	น	ไ	ห	ว	ฉ	ญ	ก	ใ

กรด
ที่ราบสูง
แคลเซียม
ถ้ำ
ทวีป
ปะการัง
คริสตัล
ร่อน
ฟอสซิล
ไกเซอร์
ลาวา
แร่ธาตุ
หิน
ควอทซ์
เกลือ
หินงอก
หินย้อย
ชั้น
แผ่นดินไหว
ภูเขาไฟ

8 - Campeggio

เ	ป	ล	ญ	ว	น	ห	ฉ	ต	เ	ะ	ต	ญ	ง
ข	ท	จ	ต	ร	ซ	ม	อ	ษ	ช	แ	ค	น	◌ู
◌็	ะ	ป	◌่	า	น	ว	ไ	ฟ	◌ี	ผ	ม	ข	ด
ม	เ	ร	ญ	ศ	ษ	ก	ม	อ	อ	น	ต	ล	ว
ท	ล	ส	น	◌ุ	ก	ห	บ	ไ	ก	ท	◌้	ภ	ง
◌ิ	ส	◌ั	ก	ง	ร	ณ	◌้	ฉ	ษ	◌ี	น	◌ู	จ
ศ	า	ต	เ	า	ธ	ข	ถ	า	ท	◌่	ไ	เ	◌ั
ศ	บ	ว	ต	ไ	ร	จ	ม	ช	ง	อ	ม	ข	น
ท	ห	◌์	◌็	ไ	ร	ผ	ธ	ต	ฝ	ช	◌้	า	ท
อ	ษ	จ	น	อ	ม	แ	จ	เ	ธ	ต	แ	ล	ร
ก	ศ	ฝ	ท	ซ	ช	ผ	ว	ญ	จ	ต	ว	ไ	◌์
ย	ช	ฟ	◌์	ผ	า	เ	ด	บ	ภ	ส	ต	ฉ	ม
ญ	ศ	บ	ช	ฝ	ต	ล	◌่	า	ส	◌ั	ต	ว	◌์
ฉ	ไ	ภ	น	ย	◌ิ	จ	น	ง	จ	ด	ย	ข	แ

ต้นไม้
เปลญวน
สัตว์
การผจญภัย
เข็มทิศ
ห้าง
ล่าสัตว์
แคนู
หมวก
เชือก
สนุก
ป่า
ไฟ
แมลง
ทะเลสาบ
ดวงจันทร์
แผนที่
ภูเขา
ธรรมชาติ
เต็นท์

9 - Arti Visive

ฟ	ษ	ไ	ป	ด	◌ิ	น	ส	อ	ป	ฝ	อ	ส	ฟ
เ	ค	ส	ร	ะ	ภ	า	พ	ว	า	ด	ผ	เ	◌ิ
ศ	ธ	น	ะ	ช	ร	ซ	ษ	ร	ก	ด	ญ	ต	ล
แ	น	ว	ต	◌ั	◌้	ง	ว	ห	ก	ะ	อ	น	◌์
ณ	ก	ศ	◌ิ	ล	ป	◌ิ	น	ไ	า	จ	ว	ซ	ม
เ	า	ภ	ม	ค	◌์	ป	ร	ะ	ก	อ	บ	◌ิ	ผ
ถ	ช	ข	า	ค	ณ	ม	า	า	ช	ง	ม	ล	ฟ
◌่	อ	◌ี	ก	พ	เ	ศ	ซ	น	ฉ	ผ	◌ุ	ย	ว
า	ล	◌ั	ร	ไ	ถ	ค	เ	ซ	ร	า	ม	◌ิ	ก
น	◌์	ผ	ร	ง	ก	◌่	ล	ษ	ซ	ฉ	ม	ล	ว
ไ	ก	◌ึ	ม	ธ	ว	ศ	า	ย	อ	ล	อ	ม	ธ
ถ	ท	◌ั	ด	ไ	อ	ษ	ฟ	ย	◌์	ห	ง	ณ	ฉ
ผ	ล	ง	า	น	ช	◌ิ	◌้	น	เ	อ	ก	ไ	ว
ส	ถ	า	ป	◌ั	ต	ย	ก	ร	ร	ม	า	พ	ฉ

สถาปัตยกรรม
เคลย์
ศิลปิน
ผลงานชิ้นเอก
ถ่าน
ขี้ผึ้ง
เซรามิก
ค์ประกอบ
ฟิล์ม
ภาพถ่าย
ชอล์ก
ดินสอ
ปากกา
ภาพวาด
มุมมอง
แนวตั้ง
ประติมากรรม
สเตนซิล

10 - Esplorazione

ค	ว	า	ม	ก	ล	◌้	า	ห	า	ญ	ภ	ค	ค
ส	ก	า	ร	ก	◌ำ	ห	น	ด	ภ	ณ	◌ู	ว	ว
ไ	◌ั	ผ	ะ	ไ	ห	ม	◌่	ภ	พ	เ	ม	า	า
ไ	ศ	ต	อ	◌ั	น	ต	ร	า	ย	ด	◌ิ	ม	ม
ด	ผ	พ	ว	ง	ณ	ษ	า	ก	ไ	◌ิ	ป	ต	อ
ก	ม	ธ	ด	◌์	อ	ว	ก	า	ศ	น	ร	◌ี	◌่
ต	ว	ฝ	ร	ถ	ไ	ก	ญ	ร	ฟ	ท	ะ	◌่	อ
ผ	ช	◌ั	ภ	า	ษ	า	ค	ค	ป	า	เ	น	น
ว	ป	ก	ฒ	ท	ไ	ร	ช	◌้	ไ	ง	ท	เ	เ
เ	ร	◌ี	ย	น	ร	◌ู	◌้	น	แ	ะ	ศ	ต	พ
ภ	ท	ป	ห	ม	ธ	ธ	ล	พ	ภ	ป	ศ	◌้	ล
า	เ	ซ	เ	ภ	ฟ	ร	ค	บ	ซ	ย	◌่	น	◌ี
ก	◌ิ	จ	ก	ร	ร	ม	ร	บ	จ	ด	ไ	า	ย
ไ	ว	ด	ะ	ษ	ช	ธ	ไ	ม	◌่	ท	ร	า	บ

สัตว์
กิจกรรม
ความกล้าหาญ
วัฒนธรรม
การกำหนด
ความตื่นเต้น
ความอ่อนเพลีย
ภาษา
ใหม่
เรียนรู้
อันตราย
ไม่ทราบ
การค้นพบ
ป่า
อวกาศ
ภูมิประเทศ
เดินทาง

11 - Tempo

ก	ป	ฉ	ม	ไ	ส	พ	ฉ	ณ	ด	ห	ป	ใ	ย
ง	ง	ผ	ฉ	น	า	ฬ	◌ิ	ก	า	ว	◌ี	ด	ป
ย	อ	เ	ท	ไ	ป	ร	ะ	จ	◌ำ	ป	◌ี	ผ	ฏ
ฟ	แ	ใ	ไ	ม	เ	ม	◌ื	◌่	อ	ว	า	น	◌ิ
เ	ม	ช	◌ั	◌่	ว	โ	ม	ง	ซ	ล	ไ	ไ	ท
ษ	ด	ษ	เ	ช	◌้	า	ถ	ป	ญ	ใ	ย	ศ	◌ิ
น	บ	◌ื	ห	◌้	ว	ต	ก	ล	า	ง	ค	◌ื	น
ย	ห	ซ	อ	า	◌ั	เ	ศ	◌่	ญ	ฉ	ส	ร	ท
ว	ล	ล	น	น	น	เ	ต	ผ	อ	อ	◌ั	ฉ	ศ
ใ	◌ั	ส	ม	ธ	ญ	ท	ว	ม	น	น	ป	ฟ	ว
ผ	ง	น	น	า	ท	◌ี	ร	ฝ	า	ม	ด	ผ	ร
ไ	จ	ท	น	ย	ใ	◌่	ร	ห	ค	ห	า	ม	ร
เ	า	ร	ว	◌ี	ว	ย	ษ	น	ต	ง	ห	ฉ	ษ
อ	ก	พ	เ	ป	◌้	ง	ธ	ไ	ค	ต	◌์	ไ	จ

ปี
ประจำปี
ปฏิทิน
ทศวรรษ
หลังจาก
อนาคต
วัน
เมื่อวาน
เช้า
เดือน
เที่ยง
นาที
กลางคืน
วันนี้
ชั่วโมง
นาฬิกา
ในไม่ช้า
ก่อน
ศตวรรษ
สัปดาห์

12 - Autunno

อ	ภ	ซ	ว	ป	ค	น	ก	เ	ก	า	ล	◌ั	ด
น	◌ู	ผ	ง	ต	ด	ก	า	เ	ห	ช	ม	น	ญ
ข	ม	พ	ห	ร	ล	ท	ร	เ	ด	ฉ	ะ	ช	ฝ
ว	◌ิ	ษ	◌ุ	ว	◌ั	ต	โ	ท	ค	◌ื	แ	ม	ถ
ธ	อ	ส	ก	ผ	ง	ไ	ย	ศ	น	ไ	อ	ธ	ฉ
ร	า	ล	ฉ	ส	ซ	ฟ	ก	ก	ม	ฉ	ป	น	ฉ
ร	ก	◌ู	ธ	ว	พ	ฉ	ย	า	ป	ท	เ	ษ	ส
ม	า	ก	อ	ณ	ธ	ฟ	◌้	ล	ย	ศ	ป	ฝ	ว
ช	ศ	โ	ธ	ป	ย	ย	า	ณ	พ	ฝ	◌ิ	ะ	น
า	า	อ	ะ	ษ	ญ	พ	ย	ษ	ส	ฟ	◌้	ถ	ผ
ต	อ	◌๊	น	◌้	◌ำ	แ	ข	◌็	ง	ธ	ล	ฉ	ล
◌ิ	ช	ก	ซ	◌ื	◌่	ง	ผ	ล	◌ั	ด	ไ	บ	ไ
ไ	ฟ	ไ	ห	ม	◌้	ฟ	ว	เ	ต	จ	า	อ	ม
า	ถ	เ	ส	◌ื	◌้	อ	ผ	◌้	า	ว	ณ	ถ	◌้

เสื้อผ้า
เกาลัด
ภูมิอากาศ
ซึ่งผลัดใบ
วิษุวัต
เทศกาล
สวนผลไม้
น้ำแข็ง
ลูกโอ๊ก
ไฟไหม้
แอปเปิ้ล
เดือน
การโยกย้าย
ธรรมชาติ

13 - Astronomia

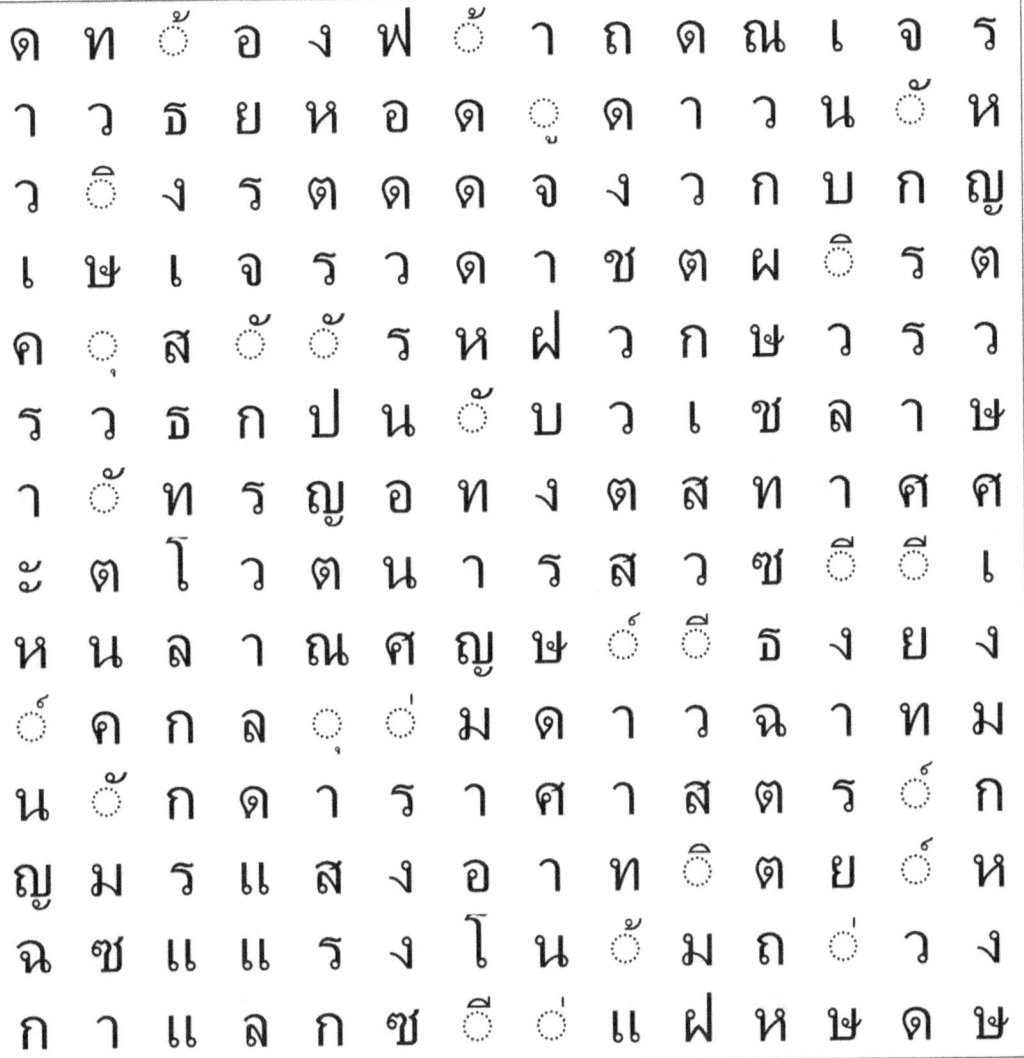

ด	ท	◌้	อ	ง	ฟ	◌้	า	ถ	ด	ณ	เ	จ	ร
า	ว	ธ	ย	ห	อ	ด	◌ู	ด	า	ว	น	◌ั	ห
ว	◌ิ	ง	ร	ต	ด	ด	จ	ง	ว	ก	บ	ก	ญ
เ	ษ	เ	จ	ร	ว	ด	า	ช	ต	ผ	◌ิ	ร	ต
ค	◌ุ	ส	◌ั	◌ั	ร	ห	ฝ	ว	ก	ษ	ว	ร	ว
ร	ว	ธ	ก	ป	น	◌ั	บ	ว	เ	ช	ล	า	ษ
า	◌ั	ท	ร	ญ	อ	ท	ง	ต	ส	ท	า	ศ	ศ
ะ	ต	โ	ว	ต	น	า	ร	ส	ว	ซ	◌ี	◌ี	เ
ห	น	ล	า	ณ	ศ	ญ	ษ	◌์	◌ี	ธ	ง	ย	ง
◌์	ค	ก	ล	◌ุ	◌่	ม	ด	า	ว	ฉ	า	ท	ม
น	◌ั	ก	ด	า	ร	า	ศ	า	ส	ต	ร	◌์	ก
ญ	ม	ร	แ	ส	ง	อ	า	ท	◌ิ	ต	ย	◌์	ห
ฉ	ซ	แ	แ	ร	ง	โ	น	◌้	ม	ถ	◌่	ว	ง
ก	า	แ	ล	ก	ซ	◌ี	◌่	แ	ฝ	ห	ษ	ด	ษ

นักดาราศาสตร์
ท้องฟ้า
กลุ่มดาว
วิษุวัต
กาแลกซี่
แรงโน้มถ่วง
ดวงจันทร์
ดาวตก
เนบิวลา
หอดูดาว
ดาวเคราะห์
รังสี
จรวด
ดาวเทียม
แสงอาทิตย์
โลก
จักรวาล
จักรราศี

14 - Circo

จ	ก	ณ	ฉ	ช	เ	ต	◌็	น	ท	◌์	ด	เ	น
◌ั	ะ	า	ภ	ค	◌ุ	น	ฝ	ซ	ฟ	อ	น	ค	◌ั
ก	ษ	ว	ย	ผ	ล	ด	เ	ผ	ศ	เ	ต	ล	ก
เ	ส	◌ี	อ	ก	จ	า	แ	ฝ	แ	ศ	ร	◌็	ม
ก	◌ิ	ฉ	ล	ษ	ร	ป	ภ	ต	ร	ห	◌ี	ด	า
อ	ง	ร	ก	า	ล	ร	บ	◌ั	◌่	ะ	ล	ล	ย
ร	โ	ห	แ	า	◌ู	ไ	ม	ว	แ	ง	◌ู	◌ั	า
◌์	ต	◌ั	◌๋	ว	ก	ไ	ง	ต	ส	ย	ก	บ	ก
ผ	ข	ะ	ต	ม	โ	ส	ด	ล	ด	ต	อ	า	ล
บ	ช	◌้	า	ง	ป	◌ั	ง	ก	ง	ป	ม	พ	ย
ท	ล	◌ิ	ง	ฟ	◌่	ต	า	ย	จ	ถ	ช	ว	ญ
ซ	ล	ค	ด	ป	ง	ว	ม	า	ย	า	ก	ล	ไ
น	ษ	เ	ธ	ถ	า	◌์	ย	ค	พ	ป	ด	ภ	ถ
ข	บ	ว	น	แ	ห	◌่	ย	ท	า	ฝ	ท	ส	ศ

กายกรรม
สัตว์
ตั๋ว
ลูกอม
ตัวตลก
ชุดแต่งกาย
ช้าง
จักเกอร์
สิงโต
มายากล
นักมายากล
แสดง
ดนตรี
ลูกโป่ง
ขบวนแห่
ลิง
งดงาม
เต็นท์
เสือ
เคล็ดลับ

15 - Mitologia

ห	ธ	ว	ไ	ข	ซ	ร	ม	ะ	ย	พ	ก	ฮ	ฝ
ว	ข	จ	ษ	ะ	ะ	ศ	ก	ฉ	ง	ฤ	า	◌ี	ะ
ส	◌ิ	◌่	ง	ม	◌ี	ช	◌ี	ว	◌ิ	ต	ร	โ	ท
น	ญ	ะ	ร	ว	ไ	ถ	น	ซ	ช	◌ิ	ส	ร	ส
ค	ว	า	ม	ห	◌ึ	ง	ห	ว	ง	ก	ร	◌่	ถ
ต	อ	◌ิ	ฉ	า	น	อ	ฟ	◌้	า	ร	◌้	อ	ง
◌้	อ	ว	เ	ล	ฟ	ฉ	ม	ส	ย	ร	า	แ	ฟ
น	ห	◌ั	ท	ศ	ไ	ต	อ	ต	ก	ม	ง	ก	◌้
แ	ป	ฒ	พ	ง	ษ	ร	ะ	◌ำ	ภ	ซ	ป	◌้	า
บ	ไ	น	◌ั	ก	ร	บ	ง	น	ห	า	บ	แ	ผ
บ	ป	ธ	ไ	ข	เ	ฝ	ร	า	ด	จ	พ	ค	◌่
ย	แ	ร	ท	ศ	ญ	ข	แ	น	พ	ว	ล	◌้	า
ญ	ธ	ร	ผ	เ	ข	า	ว	ง	ก	ต	ณ	น	ณ
ภ	ป	ม	ง	ภ	◌ั	ย	พ	◌ิ	บ	◌ั	ต	◌ิ	ไ

ต้นแบบ
พฤติกรรม
สิ่งมีชีวิต
การสร้าง
วัฒนธรรม
ภัยพิบัติ
เทพ
ฮีโร่
แรง
ฟ้าผ่า
ความหึงหวง
นักรบ
อมตภาพ
เขาวงกต
ตำนาน
วิเศษ
ยแร
ฟ้าร้อง
แก้แค้น

16 - Piante

พ	เ	ด	ฟ	ธ	อ	ฟ	อ	ษ	ย	ฟ	ว	อ	ถ
เ	ฤ	อ	บ	◌ุ	ช	ร	า	ก	ณ	ต	จ	ห	า
ห	ด	ก	ผ	ณ	ย	ไ	ล	ะ	ง	บ	ถ	เ	ม
ญ	บ	ไ	ษ	พ	◌ี	ช	พ	ธ	ฟ	ย	◌ั	ค	ซ
◌้	เ	ม	เ	ศ	ไ	ไ	ม	◌้	ไ	ผ	◌่	ห	ธ
า	ง	◌้	ใ	บ	า	ว	ฟ	ธ	ญ	ส	ว	น	ม
ก	ล	◌ี	บ	น	อ	ส	ไ	อ	ว	◌ี	◌่	ต	อ
ง	เ	ว	ไ	จ	ผ	ร	ต	า	ส	ถ	พ	◌้	ส
ภ	ณ	ภ	ม	ถ	ย	เ	◌์	ร	ย	ใ	ข	น	ส
ร	ช	อ	◌้	ป	◌่	า	ต	ร	◌์	ษ	ภ	ไ	◌์
ะ	ง	ป	◌ุ	◌๋	ย	ฟ	ม	◌ิ	◌ี	น	ด	ม	ว
ต	ฟ	ฉ	ท	ส	ก	ข	ผ	จ	บ	◌่	จ	◌้	ศ
ก	ร	ะ	บ	อ	ง	เ	พ	ช	ร	โ	ข	ซ	ห
ข	น	ย	ฟ	ล	อ	ร	า	น	อ	ล	ต	ภ	ธ

ต้นไม้
เบอร์รี่
ไม้ไผ่
พฤกษศาสตร์
กระบองเพชร
บุช
เติบโต
ไอวี่
หญ้า
ถั่ว
ปุ๋ย
ดอกไม้
ฟลอรา
ใบไม้
ป่า
สวน
มอสส์
กลีบ
ราก
พืช

17 - Spezie

ผ	ง	ย	◌ี	◌่	ห	ร	◌่	า	ห	ป	โ	ะ	ข
ช	ะ	เ	อ	ม	เ	ท	ศ	ย	ว	า	ป	พ	ห
ถ	จ	เ	ผ	◌ั	ก	ช	◌ี	ก	า	ป	◌๊	ล	ญ
พ	ร	◌ิ	ก	ไ	ท	ย	ธ	ป	น	ร	ย	ป	◌ั
พ	ช	ด	ต	ล	ป	ก	ต	ะ	จ	◌ิ	ก	ล	า
พ	เ	ฉ	แ	ผ	◌ี	ฉ	ค	ต	ส	ก	◌ั	ท	ฝ
อ	ย	ก	ว	ท	ต	อ	ก	ธ	ผ	◌้	◌๊	ม	ร
แ	ป	ร	ฟ	ข	ท	ห	บ	ภ	ข	า	ก	ข	◌ั
ก	ร	ะ	ว	า	น	◌ั	ท	เ	ม	◌็	ก	ม	◌่
ง	ค	เ	ป	ช	ษ	ว	ถ	ว	ช	ณ	พ	◌ิ	น
ไ	ะ	ท	ป	แ	น	ห	ผ	ข	น	ย	ไ	◌้	ป
ฉ	ณ	◌ี	ว	ผ	ฟ	อ	ข	◌ิ	ง	◌ิ	ร	น	อ
ซ	ธ	ย	ป	ก	ผ	ม	ด	ไ	ไ	แ	ล	ะ	า
ธ	เ	ม	◌็	ด	ย	◌ี	◌่	ห	ร	◌่	า	า	ไ

กระเทียม
ขม
โป๊ยกั๊ก
อบเชย
กระวาน
หัวหอม
ผักชี
ผงยี่หร่า
ขมิ้น
แกง
หวาน
เม็ดยี่หร่า
ชะเอมเทศ
นัทเม็ก
ปาปริก้า
พริกไทย
เกลือ
วนิลา
หญ้าฝรั่น
ขิง

18 - Numeri

ท	ภ	ส	ย	ป	ร	ร	ฟ	ะ	ร	ซ	ถ	ห	เ
ศ	ศ	บ	ท	◌ี	ป	เ	ด	แ	ไ	ต	ก	ล	จ
◌ู	ง	น	จ	ไ	◌่	ล	ล	ถ	ศ	ธ	ป	ฝ	◌็
น	ภ	ภ	◌ิ	า	ฟ	ส	◌ิ	บ	แ	ป	ด	ห	ด
ย	ล	า	บ	ย	ง	ส	◌ิ	บ	ส	◌ี	◌่	◌้	ฝ
◌์	ห	พ	ส	ก	ม	อ	ะ	บ	ส	◌ิ	บ	า	อ
จ	ม	ด	◌ิ	ล	บ	ง	อ	ส	◌ิ	บ	ส	อ	ง
จ	ญ	ญ	บ	พ	ท	ต	ฝ	◌ิ	◌ิ	ด	◌ี	ผ	ซ
ล	ม	ร	ห	ก	ซ	อ	ม	บ	ป	บ	◌่	อ	ไ
แ	ป	ด	◌้	ศ	ล	อ	แ	เ	จ	ผ	ส	ป	า
ว	อ	น	า	ญ	ก	า	เ	ก	◌้	า	◌ิ	า	ช
ส	◌ิ	บ	เ	จ	◌็	ด	น	◌้	ผ	บ	บ	ภ	ม
ล	ณ	ห	จ	ว	ร	ถ	ไ	า	ณ	ข	ห	ก	ณ
ญ	ฝ	ข	ฝ	ห	ด	ฟ	ส	า	ม	ไ	ก	ณ	า

ห้า
ทศนิยม
สิบเก้า
สิบเจ็ด
สิบแปด
สิบ
สิบสอง
สอง
เก้า
แปด
สิบสี่
สี่
สิบห้า
สิบหก
หก
เจ็ด
สาม
สิบสาม
ยี่สิบ
ศูนย์

19 - Cioccolato

ข	ข	ส	า	ค	ช	า	ค	แ	ษ	ห	ข	ก	น
ณ	ม	พ	ะ	ไ	า	ฝ	า	ค	ด	ถ	ช	ล	◌้
เ	แ	ะ	ห	น	เ	แ	ร	ล	ร	◌ั	◌่	◌ิ	◌ำ
ว	ต	ธ	พ	ก	ก	เ	า	อ	ศ	◌่	า	◌่	ต
ษ	บ	ห	พ	ร	ง	ไ	เ	ร	อ	ว	ง	น	า
ค	โ	ก	โ	ก	◌้	น	ม	◌ี	อ	ด	ฝ	ห	ล
เ	◌ุ	ธ	ณ	ผ	จ	า	ล	◌่	ส	ะ	◌ี	อ	ศ
ฉ	ห	ณ	ะ	น	ส	◌่	ว	น	ผ	ส	ม	ม	ห
ก	ร	ธ	ภ	ล	◌ู	ก	อ	ม	ง	ต	◌ื	ร	ส
◌ิ	ต	ห	ว	า	น	ะ	บ	อ	ร	◌่	อ	ย	ช
น	า	บ	บ	แ	พ	ป	ญ	ฟ	เ	ม	ท	อ	ณ
แ	ป	ล	ก	ไ	ห	ม	◌่	ษ	น	ร	ซ	ง	อ
ท	ท	◌ี	◌่	ช	◌ื	◌่	น	ช	อ	บ	ณ	ง	ย
แ	า	ภ	ส	◌ู	ต	ร	อ	า	ห	า	ร	ส	ะ

ขม
ถั่ว
กลิ่นหอม
ช่างฝีมือ
โกโก้
แคลอรี่
ลูกอม
คาราเมล
อร่อย
หวาน
แปลกใหม่
รส
ส่วนผสม
กิน
มะพร้าว
ผง
ที่ชื่นชอบ
คุณภาพ
สูตรอาหาร
น้ำตาล

20 - Guida

ค	น	เ	ด	◌ิ	น	เ	ท	◌้	า	อ	ถ	ก	ค
อ	◌ั	น	ต	ร	า	ย	ฟ	ก	ส	◌ุ	น	า	ว
ย	ค	า	◌ำ	ร	บ	แ	ไ	า	ซ	โ	น	ร	า
เ	แ	โ	ร	ง	ร	ถ	บ	ร	ศ	ม	ม	ข	ม
ศ	ค	ณ	ว	เ	ว	ง	อ	จ	เ	ง	า	น	เ
น	ญ	ร	จ	ไ	ก	ง	น	ร	บ	ค	ท	ส	ร
ร	ป	พ	◌ี	ย	ป	ด	◌ุ	า	ร	◌์	ไ	◌่	◌็
ญ	ถ	ผ	ม	◌่	ศ	เ	ญ	จ	ค	ฟ	ญ	ง	ว
ภ	ฟ	ะ	เ	ถ	อ	ห	า	ร	ถ	เ	ม	ล	◌์
แ	ผ	น	ท	◌ี	◌่	ง	ต	บ	ษ	แ	ป	ธ	ว
ณ	ต	ต	น	แ	ซ	เ	ย	ะ	น	ค	ก	ธ	ย
ท	ถ	ท	ล	ง	ผ	ก	ก	น	บ	ศ	ย	◌๊	ไ
ส	อ	◌ุ	บ	◌ั	ต	◌ิ	เ	ห	ต	◌ุ	ข	ด	ส
เ	ช	◌ื	◌้	อ	เ	พ	ล	◌ิ	ง	◌์	ธ	ร	ท

รถ
รถเมล์
เชื้อเพลิง
เบรค
โรงรถ
แก๊ส
อุบัติเหตุ
ใบอนุญาต
แผนที่
เครื่องยนต์
คนเดินเท้า
อันตราย
ตำรวจ
ถนน
การจราจร
การขนส่ง
อุโมงค์
ความเร็ว

21 - Sport

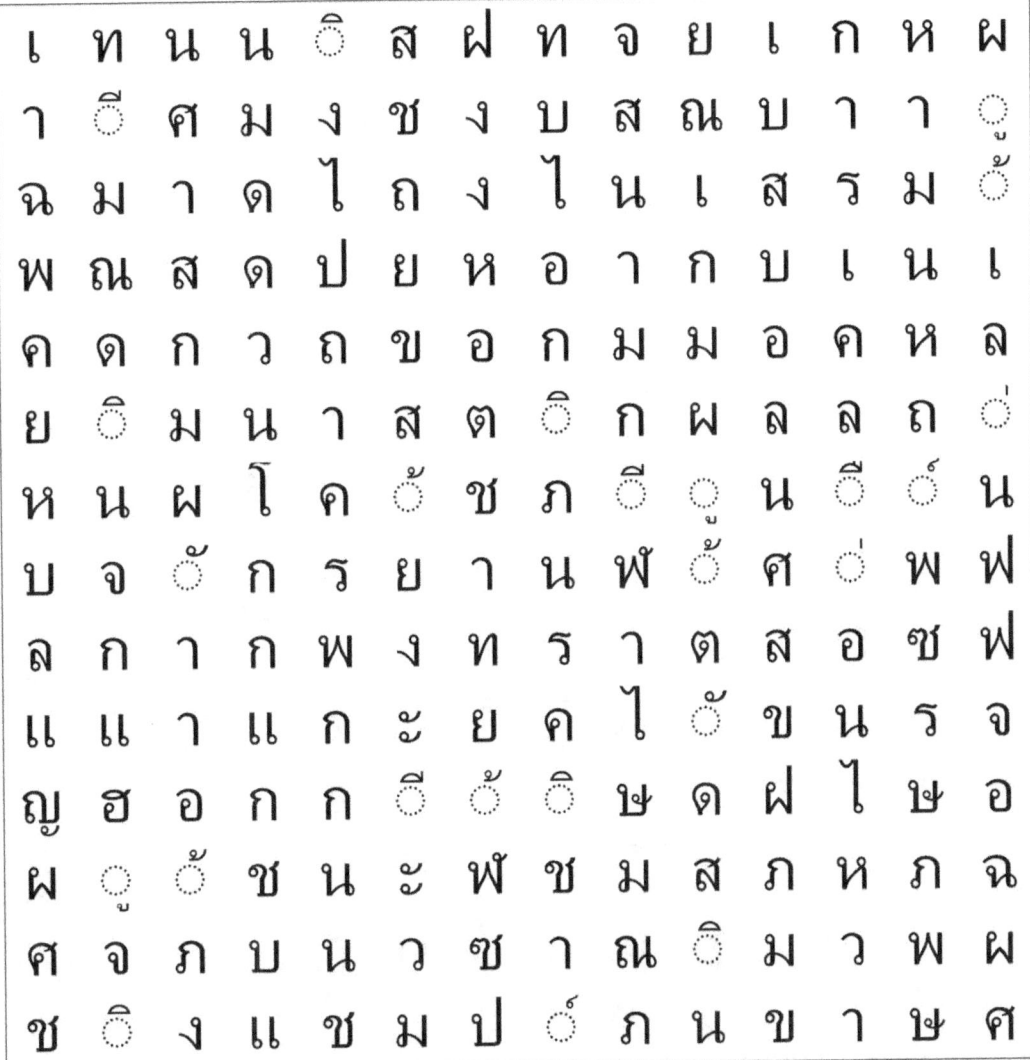

เ	ท	น	น	◌ิ	ส	ฝ	ท	จ	ย	เ	ก	ห	ผ
า	◌ี	ศ	ม	ง	ช	ง	บ	ส	ณ	บ	า	า	◌ู
ฉ	ม	า	ด	ไ	ถ	ง	ไ	น	เ	ส	ร	ม	◌้
พ	ณ	ส	ด	ป	ย	ห	อ	า	ก	บ	เ	น	เ
ค	ด	ก	ว	ถ	ข	อ	ก	ม	ม	อ	ค	ห	ล
ย	◌ิ	ม	น	า	ส	ต	◌ิ	ก	ผ	ล	ล	ถ	◌่
ห	น	ผ	โ	ค	◌้	ช	ภ	◌ี	◌ู	น	◌ี	◌์	น
บ	จ	◌ั	ก	ร	ย	า	น	ฬ	◌้	ศ	◌่	พ	ฟ
ล	ก	า	ก	พ	ง	ท	ร	า	ต	ส	อ	ซ	ฟ
แ	แ	า	แ	ก	ะ	ย	ค	ไ	◌ั	ข	น	ร	จ
ญ	ฮ	อ	ก	ก	◌ี	◌้	◌ิ	ษ	ด	ฝ	ไ	ษ	อ
ผ	◌ู	◌้	ช	น	ะ	ฬ	ช	ม	ส	ภ	ห	ภ	ฉ
ศ	จ	ภ	บ	น	ว	ซ	า	ณ	◌ิ	ม	ว	พ	ผ
ช	◌ิ	ง	แ	ช	ม	ป	◌์	ภ	น	ข	า	ษ	ศ

โค้ช
ผู้ตัดสิน
นักกีฬา
เบสบอล
จักรยาน
ชิงแชมป์
ยิมนาสติก
ผู้เล่น
เกม
กอล์ฟ
ฮอกกี้
การเคลื่อนไหว
โรงยิม
ทีม
สนามกีฬา
เทนนิส
ผู้ชนะ

22 - Giocattoli

จ	เ	ก	ม	ด	ว	ต	ต	ส	ไ	น	ท	ฝ	ป
จ	◌ิ	ค	เ	ร	◌ื	อ	◌ุ	◌ี	ท	เ	บ	ง	ด
◌ั	ร	น	ร	ถ	ม	า	◌๊	ญ	ซ	ค	อ	แ	ว
ก	ถ	ร	ต	◌ี	ล	◌ู	ก	บ	อ	ล	บ	ภ	ม
ร	บ	ห	ห	น	◌่	ฝ	ต	ช	จ	ย	เ	จ	น
ย	ร	ง	ม	ร	า	อ	า	อ	ช	◌์	ะ	ห	ไ
า	ร	ถ	า	ข	า	ก	ง	ป	ร	◌ิ	ศ	น	า
น	ท	ษ	ก	น	ะ	ม	า	บ	ฝ	จ	ร	◌ั	ง
ว	◌ุ	ญ	ร	ด	ฝ	ช	ศ	ร	◌ิ	อ	ะ	ง	ซ
◌่	ก	แ	◌ุ	ฉ	น	◌ี	จ	ศ	ท	น	ไ	ส	ท
า	ศ	ม	ก	ค	ป	ด	ม	ก	ล	อ	ง	◌ี	ช
ว	ไ	น	บ	ท	◌ี	◌่	ช	◌ื	◌่	น	ช	อ	บ
ห	◌ุ	◌่	น	ย	น	ต	◌์	ฝ	อ	ร	ถ	ไ	ฟ
บ	ม	ล	ผ	ห	ศ	ถ	จ	ะ	ศ	ป	เ	ฟ	ด

เครื่องบิน
ว่าว
เคลย์
งานฝีมือ
รถ
ตุ๊กตา
เรือ
กลอง
จักรยาน
รถบรรทุก
เกม
จินตนาการ
หนังสือ
ลูกบอล
ที่ชื่นชอบ
ปริศนา
หุ่นยนต์
หมากรุก
รถไฟ
สี

23 - Uccelli

ษ	ไ	ณ	ฝ	ภ	ณ	ก	ร	ะ	จ	อ	ก	อ	แ
ไ	เ	พ	น	ก	ว	◌ิ	น	า	ง	น	ว	ล	น
น	น	ป	ฟ	ล	า	ม	◌ิ	ง	โ	ก	ฟ	ท	ก
ไ	ก	◌่	◌็	ฝ	เ	ว	ศ	ป	ห	น	ไ	ม	ย
ป	ก	ก	ณ	ด	า	ย	ด	ม	ร	ก	ษ	ด	◌ู
า	ร	ง	ร	ก	ร	ะ	ส	า	แ	ก	ค	ผ	ง
ะ	ะ	น	อ	ะ	ก	ห	ง	ห	◌่	า	น	ไ	ผ
น	ท	ล	ญ	◌ิ	จ	า	ม	ญ	อ	เ	ก	ข	ฟ
ก	◌ุ	แ	ล	ฟ	น	อ	น	ว	ฉ	ห	พ	◌่	ถ
แ	ง	า	เ	ส	ซ	ท	ก	ซ	ซ	ว	◌ิ	ไ	ป
ก	ท	◌ู	แ	ค	น	ด	ร	เ	ไ	◌่	ร	ล	ด
◌้	เ	ห	ย	◌ี	◌่	ย	ว	◌ี	ท	า	า	ฝ	ภ
ว	ท	ง	ล	เ	ห	ง	ส	◌์	ษ	ศ	บ	ค	บ
า	พ	ง	ด	น	ก	ก	ร	ะ	ส	า	ฝ	น	ห

กระสา
เป็ด
อินทรี
นกกระสา
หงส์
นกกาเหว่า
เหยี่ยว
ฟลามิงโก
นางนวล
ห่าน
นกแก้ว
กระจอก
นกยูง
นกกระทุง
นกพิราบ
เพนกวิน
ไก่
นกกระจอกเทศ
ทูแคน
ไข่

24 - Giorni e Mesi

ม	ถ	ก	ร	ค	ต	ภ	ง	ก	ป	ป	ส	จ	ก
อ	ก	ร	ก	ฎ	า	ค	ม	◌ุ	ะ	ฉ	◌ิ	ย	ก
บ	ช	ร	ท	ห	ง	ว	ผ	ม	ช	ห	ง	ะ	ข
เ	ม	ษ	า	ย	น	จ	ญ	ภ	ห	ร	ห	ป	◌ี
ห	ท	ห	ษ	ค	ต	◌ุ	ล	า	ค	ม	า	ณ	ต
พ	ษ	ผ	พ	ย	ม	ถ	น	พ	ด	จ	ค	พ	ก
ว	ฤ	ม	ล	ธ	ม	ป	า	◌ั	ม	ผ	ม	ม	ฝ
◌ั	ซ	ศ	ป	พ	แ	ว	◌ั	น	เ	ส	า	ร	◌์
น	ค	า	จ	ง	ธ	ร	ฉ	ธ	เ	ด	◌ื	อ	น
พ	ช	ป	ฏ	◌ิ	ท	◌ิ	น	◌์	ค	พ	ย	ห	ค
◌ุ	ฟ	อ	ย	เ	ก	ม	◌ิ	ถ	◌ุ	น	า	ย	น
ธ	ก	ฟ	ฝ	ะ	ต	า	ก	◌ั	น	ย	า	ย	น
ส	◌ั	ป	ด	า	ห	◌์	ย	ด	ญ	ฉ	ฉ	ด	อ
ซ	ด	ย	ง	ถ	ร	ธ	◌ั	น	ว	า	ค	ม	ไ

สิงหาคม
ปี
เมษายน
ปฏิทิน
ธันวาคม
กุมภาพันธ์
มกราคม
มิถุนายน
กรกฎาคม
วันพุธ
เดือน
พฤศจิกายน
ตุลาคม
วันเสาร์
กันยายน
สัปดาห์

25 - Casa

ห	◌้	อ	ง	ไ	ต	◌้	ห	ล	◌ั	ง	ค	า	ย
ผ	ท	ข	ค	ษ	ย	เ	ธ	แ	ศ	บ	น	ว	ห
ซ	า	ษ	ส	ต	เ	พ	ด	า	น	ซ	เ	ไ	ห
ฟ	ถ	ญ	ย	ฟ	น	ป	ร	ะ	ต	◌ู	ส	ก	ก
ข	ธ	ด	ญ	ษ	ฟ	เ	ม	ธ	เ	ไ	ว	ซ	ก
น	ร	ย	ศ	ป	ห	◌้	อ	ง	ส	ม	◌ุ	ด	ก
โ	อ	า	บ	น	◌้	◌ำ	ห	ห	ว	◌้	ก	จ	◌๊
ว	ร	ย	ธ	ศ	อ	ป	ล	น	น	ก	ร	ร	อ
ส	ผ	ง	ไ	ช	ง	ก	◌ั	◌้	พ	ว	ะ	◌ั	ก
ศ	ด	ภ	ร	ค	ล	บ	ง	า	ร	า	จ	◌้	ะ
พ	◌ื	◌้	น	ถ	ร	ว	ค	ต	ม	ด	ก	ว	น
ฝ	ข	ผ	น	◌ั	ง	◌ั	า	◌่	โ	ค	ม	ไ	ฟ
เ	ต	า	ผ	◌ิ	ง	ห	ว	า	ซ	อ	ซ	ธ	จ
บ	ะ	า	ไ	ก	ต	แ	ท	ง	ว	ต	ข	ย	ว

ห้องใต้หลังคา
ห้องสมุด
ห้อง
เตาผิง
ครัว
อาบน้ำ
หน้าต่าง
โรงรถ
สวน
โคมไฟ
ผนัง
พื้น
ประตู
รั้ว
ก๊อก
ไม้กวาด
เพดาน
กระจก
พรม
หลังคา

26 - Ristorante #1

พ	ข	ค	ถ	ส	อ	ม	ฝ	ะ	ซ	ค	ส	ถ	แ
ผ	น	ก	ฉ	ช	◌่	บ	แ	ว	ค	เ	ศ	ช	ค
◌้	ม	◌ั	ท	า	ข	ว	แ	ธ	ร	ผ	ด	เ	ช
า	ป	ศ	ก	ม	น	บ	น	ไ	◌ั	◌็	จ	ร	เ
เ	◌ั	ซ	อ	ง	ม	◌ี	ด	ผ	ว	ด	ไ	ญ	ช
ช	ง	ญ	ศ	อ	า	ห	า	ร	ส	อ	ฝ	ก	◌ี
◌็	ซ	ไ	เ	ไ	ป	น	ะ	ถ	ภ	ม	เ	อ	ย
ด	ว	ะ	ก	◌ิ	น	ส	เ	เ	น	◌ี	◌้	อ	ร
ป	ค	ฝ	า	◌่	ฉ	ค	ม	ส	ผ	ก	ส	า	◌์
า	ณ	ง	แ	ภ	ไ	ษ	น	ผ	◌ิ	า	ก	ฟ	ญ
ก	ด	ม	ฟ	ว	ศ	ะ	◌ู	ว	ค	ร	ย	ฉ	ห
ภ	◌ู	ม	◌ิ	แ	พ	◌้	เ	ม	ย	จ	◌์	ป	ล
จ	ซ	ถ	ม	จ	พ	ษ	เ	ญ	ร	อ	ศ	ฟ	ช
จ	า	น	ภ	ด	ะ	ท	ษ	ะ	ผ	ง	ซ	อ	ส

ภูมิแพ้
กาแฟ
พนักงานเสิร์ฟ
เนื้อ
แคชเชียร์
อาหาร
ชาม
มีด
ครัว
ขนม
ส่วนผสม
กิน
เมนู
ขนมปัง
จาน
เผ็ด
ไก่
การจอง
ซอส
ผ้าเช็ดปาก

27 - Fantascienza

โ	ร	ง	ภ	า	พ	ย	น	ต	ร	◌์	ด	อ	ด
เ	ส	อ	ณ	ง	น	ภ	า	พ	ล	ว	ง	ต	า
พ	ท	◌ุ	ะ	ต	ช	ธ	ส	บ	ด	ด	ก	ย	ว
◌ั	ช	ค	ด	ต	ษ	ท	◌ิ	ก	ส	◌ิ	า	แ	เ
อ	ไ	ต	โ	ข	อ	ฝ	ท	า	ซ	ส	ร	ม	ค
ฝ	ห	ข	ห	น	◌ี	ม	ธ	แ	ค	โ	ร	ห	ร
◌ั	◌ุ	อ	ธ	ไ	โ	ด	◌ิ	ล	ล	ท	ะ	◌ั	า
น	◌่	ย	ส	ภ	ข	ล	◌์	ก	◌ื	เ	เ	ศ	ะ
ห	น	◌ั	ง	ส	◌ี	อ	ย	ซ	ก	ป	บ	จ	ห
โ	ย	อ	เ	บ	ช	น	ฉ	◌ี	ล	◌ี	◌ิ	ร	◌์
ล	น	ร	ซ	ภ	ไ	า	ว	◌่	◌ั	ย	ด	ร	ซ
ก	ต	ช	ท	า	ง	ค	ไ	ษ	บ	พ	น	ย	ท
ญ	◌์	ช	ะ	ข	ญ	ต	บ	เ	ย	ง	ษ	◌์	ฟ
ส	ถ	า	น	ก	า	ร	ณ	◌์	ไ	ฟ	อ	อ	เ

อะตอม
โรงภาพยนตร์
ดิสโทเปีย
การระเบิด
สุดขีด
มหัศจรรย์
ไฟ
อนาคต
กาแลกซี่
ภาพลวงตา
เพ้อฝัน
หนังสือ
ลึกลับ
โลก
สิทธิ์
ดาวเคราะห์
หุ่นยนต์
สถานการณ์
เทคโนโลยี

28 - Città

อ	พ	ณ	ร	บ	โ	ห	ป	อ	ม	ไ	ข	ท	โ
เ	ย	ค	้	ห	ร	ท	้	พ	พ	ฟ	ป	ร	ร
บ	พ	ล	า	ไ	ง	ม	ท	อ	ถ	ป	ส	น	ง
เ	ธ	ิ	น	า	แ	ห	ต	ไ	ง	เ	น	ฟ	ล
ก	ค	น	อ	ฟ	ร	ก	น	ด	ฟ	ส	า	ต	ะ
อ	ศ	ิ	า	ง	ม	ผ	ล	ะ	ม	ย	ม	พ	ค
ร	ไ	ก	ห	ค	พ	ณ	ด	เ	ส	ษ	บ	ุ	ร
ี	ถ	ป	า	ณ	า	ต	ร	า	ล	ฉ	ิ	ม	ด
่	ษ	ท	ร	ญ	ล	ร	้	ด	ก	อ	น	ฝ	พ
ม	ห	า	ว	ิ	ท	ย	า	ล	ั	ย	ร	ท	ป
โ	ร	ง	ภ	า	พ	ย	น	ต	ร	์	ต	ี	ป
ด	อ	ก	ไ	ม	้	ด	ี	ธ	ช	ล	ล	ะ	่
โ	ร	ง	เ	ร	ี	ย	น	ไ	ห	ร	า	ก	ช
ร	้	า	น	ข	า	ย	ย	า	ญ	น	ด	ภ	อ

สนามบิน	โรงแรม
ธนาคาร	ตลาด
ห้องสมุด	ร้าน
โรงภาพยนตร์	เบเกอรี่
คลินิก	ร้านอาหาร
ร้านขายยา	โรงเรียน
ดอกไม้ดี	โรงละคร
แกลเลอรี่	มหาวิทยาลัย

29 - Compleanno

ค	ว	า	ม	ท	ร	ง	จ	◌ำ	เ	ย	ข	ป	ส
ช	ผ	ต	ย	ง	◌้	พ	ป	ด	ก	ภ	อ	◌ั	ษ
แ	ณ	ม	เ	ไ	อ	ะ	◌ิ	ธ	◌ิ	ไ	ง	ญ	ฟ
ป	◌ี	ไ	ป	ญ	ง	ะ	จ	เ	ด	พ	ข	ญ	อ
ล	ฝ	ภ	ง	ว	เ	ณ	แ	ท	ศ	ศ	ว	า	ส
เ	ห	ญ	ผ	เ	พ	ล	ง	◌ี	บ	ษ	◌ั	ห	ศ
ค	ง	า	น	ฉ	ล	อ	ง	ย	แ	ไ	ญ	น	แ
◌้	ก	แ	ข	ด	ง	ษ	ป	น	เ	ค	พ	◌ุ	เ
ก	ผ	ะ	ต	ถ	ไ	ต	ถ	ร	พ	◌ำ	ด	◌่	ส
ะ	า	ช	ไ	ร	ท	ซ	ป	ฟ	◌ี	เ	ผ	ม	น
บ	ถ	ฉ	น	ช	ศ	ต	ร	ฉ	◌่	ช	ว	ส	◌ุ
ม	◌ี	ค	ว	า	ม	ส	◌ุ	ข	อ	◌ิ	◌ั	า	ก
พ	ว	ธ	ถ	ป	ฏ	◌ิ	ท	◌ิ	น	ญ	น	ว	เ
เ	ว	ล	า	ม	ณ	ต	ม	ล	ถ	ห	ญ	ญ	ซ

เพื่อน
ปี
ปฏิทิน
เทียน
ร้องเพลง
เพลง
ไพ่
งานฉลอง
สนุก
มีความสุข
วัน
หนุ่มสาว
คำเชิญ
เกิด
ของขวัญ
ความทรงจำ
ปัญญา
พิเศษ
เวลา
เค้ก

30 - Fattoria #1

น	ฉ	ป	ฟ	น	ม	แ	ฝ	◌ู	ง	ล	เ	ห	เ
ฟ	า	ง	◌ุ	ล	◌้	ด	ม	ส	น	า	ม	ม	ก
ว	แ	ฉ	ร	◌๋	า	◌ำ	ง	ว	◌ั	ว	ล	◌ู	ษ
ห	ม	า	ห	ล	ย	ญ	ผ	◌ึ	◌้	ง	◌็	ณ	ต
บ	ผ	ฟ	พ	า	ข	ศ	บ	◌ึ	ฝ	ฝ	ด	ถ	ร
ะ	ภ	ซ	ส	ด	◌้	ต	ธ	ร	◌้	น	ซ	ห	ก
ธ	ม	ท	พ	ผ	า	ไ	ง	◌ั	ล	ง	ข	เ	ร
ไ	บ	แ	พ	ะ	ว	น	แ	◌้	พ	ส	จ	ม	ร
บ	น	ศ	ธ	ถ	เ	ย	ร	ว	ซ	ภ	ง	พ	ม
น	ง	ด	ค	ณ	ณ	ภ	า	ค	ห	ศ	ง	อ	ฟ
◌่	ม	ผ	ร	ฝ	ค	ฟ	เ	ล	ญ	ถ	ณ	ถ	ก
อ	ข	เ	ร	พ	ภ	ไ	ป	ไ	จ	ง	ย	ไ	น
ง	อ	ป	ก	ง	ฉ	ค	ฝ	ม	จ	ง	ส	ก	◌้
ข	ข	บ	ม	ช	ธ	น	น	แ	ง	ล	ณ	◌่	◌ำ

น้ำ
เกษตรกรรม
ผึ้ง
ลา
สนาม
หมา
แพะ
ม้า
ปุ๋ย
ฟาง
แมว
ฝูง
หมู
น้ำผึ้ง
วัว
ไก่
รั้ว
ข้าว
เมล็ด
น่อง

31 - Paesaggi

ภ	พ	ฟ	น	ภ	ห	ล	น	บ	◌ื	ง	ซ	ป	ธ
ซ	◌ู	ศ	ภ	◌ู	ท	◌ุ	น	ด	ร	า	ช	ะ	า
ภ	ร	เ	ต	เ	ค	า	บ	ส	ม	◌ุ	ท	ร	ร
ไ	จ	ถ	ข	ข	ม	ท	ะ	เ	ล	ส	า	บ	น
ข	ก	ย	ช	า	ย	ห	า	ด	ข	อ	ผ	ท	◌้
ก	ค	เ	ฉ	ไ	น	◌้	◌ำ	ต	ก	า	แ	ะ	◌ำ
ข	ษ	ก	ซ	ฟ	ด	◌้	พ	พ	า	ะ	ม	เ	แ
ะ	ล	า	ล	อ	แ	พ	◌ำ	ป	เ	แ	◌่	ล	ข
ข	ท	ะ	เ	ล	ร	ณ	ห	แ	บ	ว	น	ท	◌็
ภ	◌ู	เ	ข	า	ฉ	◌์	ฝ	ฟ	ข	ษ	◌้	ร	ง
ม	ห	า	ส	ม	◌ุ	ท	ร	ศ	ล	◌็	◌ำ	า	ถ
เ	น	◌ิ	น	เ	ข	า	ค	ไ	ค	ค	ง	ย	◌้
ณ	ฟ	ค	ว	ะ	โ	อ	เ	อ	ซ	◌ิ	ส	ส	◌ำ
ส	ถ	บ	ล	ร	ก	ซ	ผ	ฝ	ล	ต	ไ	ต	ม

น้ำตก
เนินเขา
ทะเลทราย
แม่น้ำ
ไกเซอร์
ธารน้ำแข็ง
ถ้ำ
ภูเขาน้ำแข็ง
เกาะ
ทะเลสาบ
ทะเล
ภูเขา
โอเอซิส
มหาสมุทร
บึง
คาบสมุทร
ชายหาด
ทุนดรา
หุบเขา
ภูเขาไฟ

32 - Ristorante #2

อ	า	ห	า	ร	ก	ล	า	ง	ว	ั	น	เ	ภ
เ	ค	ร	ื	่	อ	ง	เ	ท	ศ	ก	ผ	ค	ด
ก	ษ	ท	ฝ	ซ	จ	ป	ภ	ผ	ร	ห	ษ	ร	ธ
ล	เ	แ	ท	ม	ส	ล	ั	ด	ณ	ส	ฟ	ื	น
ื	ษ	ท	เ	ก	้	า	อ	ื	้	ไ	ข	่	ภ
อ	ช	บ	ญ	ซ	อ	ร	่	อ	ย	ถ	ง	อ	ซ
น	ช	ค	ด	ด	ม	ผ	ล	ไ	ม	้	ช	ง	ม
ไ	้	ง	ค	บ	ด	ั	ช	ษ	ษ	ณ	เ	ด	เ
ล	ห	ำ	ไ	อ	ง	ก	ศ	้	ฟ	ผ	ณ	ื	เ
แ	ย	ย	แ	น	อ	ะ	จ	ข	อ	ช	เ	่	ค
ภ	ฝ	ข	า	ข	้	อ	เ	บ	ฝ	น	ค	ม	ม
ย	ก	ผ	ผ	ย	็	ำ	ข	ข	น	ผ	้	ช	ซ
ร	ต	อ	ห	ษ	ย	ง	ห	บ	ร	ิ	ก	ร	ุ
ซ	ย	อ	า	ห	า	ร	เ	ย	็	น	ฟ	ณ	ป

น้ำ
เครื่องดื่ม
บริกร
อาหารเย็น
ช้อน
อร่อย
ส้อม
ผลไม้
น้ำแข็ง
สลัด
ซุป
ปลา
อาหารกลางวัน
เกลือ
เก้าอี้
เครื่องเทศ
เค้ก
ไข่
ผัก

33 - Giardino

ม	น	ญ	ท	ส	ร	ส	ซ	ง	ว	ะ	พ	ฉ	ก
◌้	เ	ป	ล	ญ	ว	น	น	ห	ม	จ	ล	ญ	ร
า	บ	แ	ไ	ม	เ	น	ร	า	ช	ร	◌ั	◌้	ว
น	ป	ย	ะ	พ	พ	ห	ผ	บ	ม	ใ	◌่	ะ	บ
◌ั	ฟ	ะ	ว	ข	ถ	ญ	ญ	ล	◌ุ	ห	ว	ผ	แ
◌่	ง	ท	พ	ม	พ	◌้	จ	ะ	ไ	ช	ญ	ต	อ
ง	โ	ร	ง	ร	ถ	า	ห	ท	ว	ม	ณ	◌้	ช
ส	ว	น	ด	อ	ก	ไ	ม	◌้	◌ั	ค	◌้	น	า
แ	ท	ร	ม	โ	พ	ล	◌ี	น	ช	ร	ถ	ไ	น
ร	◌่	อ	ฟ	ม	ว	ส	บ	ไ	พ	า	น	ม	บ
ย	อ	ข	ห	ธ	ค	ง	ป	ย	◌ี	ด	ว	◌้	◌้
ฝ	ป	ก	ธ	ด	ภ	ถ	ธ	ป	ช	ค	ช	ท	า
ร	ะ	เ	บ	◌ี	ย	ง	ด	เ	ภ	ง	ด	ส	น
บ	◌่	อ	น	◌้	◌ำ	ด	◌ิ	น	ธ	ศ	ก	แ	ป

ต้นไม้
เปลญวน
บุช
หญ้า
วัชพืช
ดอกไม้
สวนผลไม้
โรงรถ
สวน
พลั่ว

ม้านั่ง
ระเบียง
สนามหญ้า
คราด
รั้ว
บ่อน้ำ
ดิน
ชานบ้าน
แทรมโพลีน
ท่อ

34 - Frutta

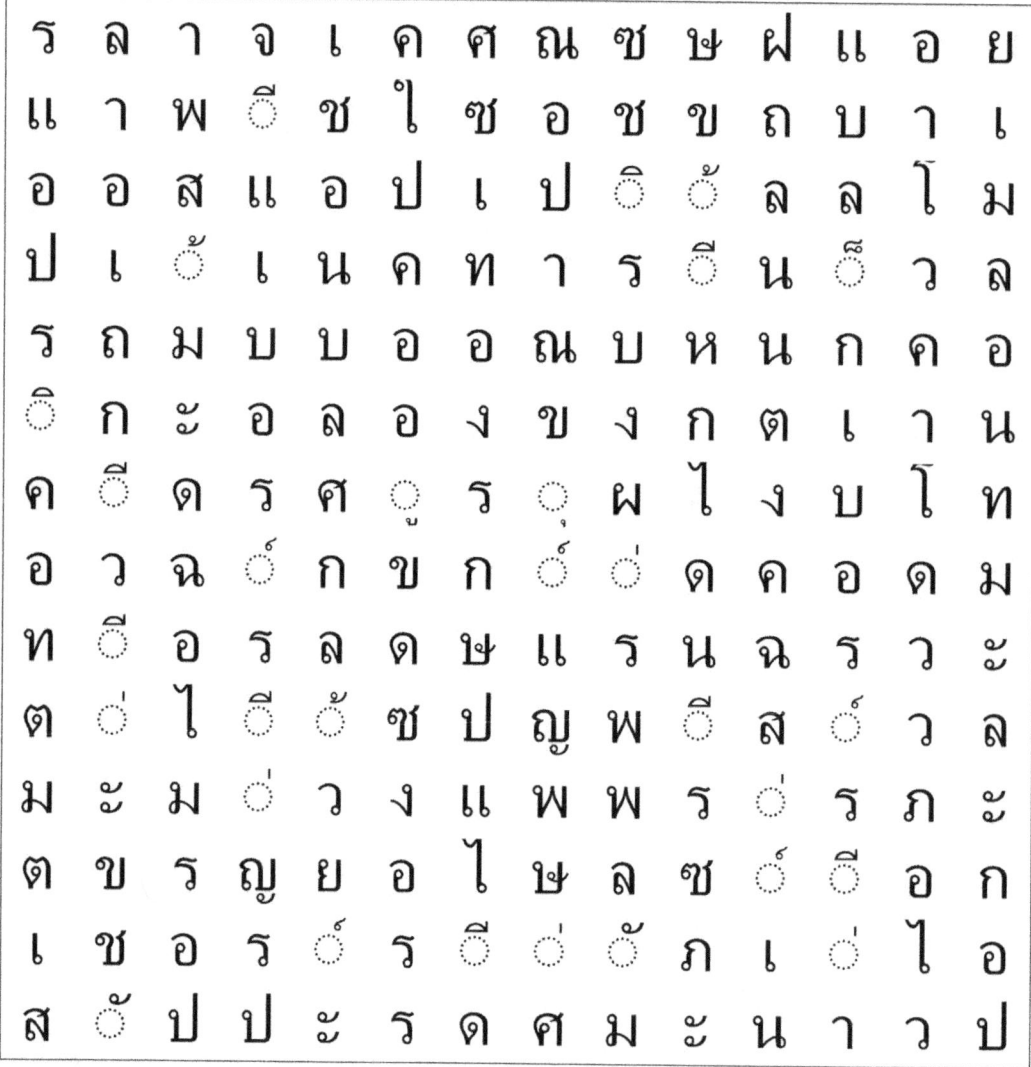

ร	ล	า	จ	เ	ค	ศ	ณ	ซ	ษ	ฝ	แ	อ	ย
แ	า	พ	◌ี	ช	ไ	ซ	อ	ช	ข	ถ	บ	า	เ
อ	อ	ส	แ	อ	ป	เ	ป	◌ิ	◌้	ล	ล	โ	ม
ป	เ	◌้	เ	น	ค	ท	า	ร	◌ี	น	◌็	ว	ล
ร	ถ	ม	บ	บ	อ	อ	ณ	บ	ห	น	ก	ค	อ
◌ิ	ก	ะ	อ	ล	อ	ง	ข	ง	ก	ต	เ	า	น
ค	◌ี	ด	ร	ศ	◌ู	ร	◌ุ	ผ	ไ	ง	บ	โ	ท
อ	ว	ฉ	◌์	ก	ข	ก	◌์	◌่	ด	ค	อ	ด	ม
ท	◌ี	อ	ร	ล	ด	ษ	แ	ร	น	ฉ	ร	ว	ะ
ต	◌่	ไ	◌ี	◌้	ซ	ป	ญ	พ	◌ี	ส	◌์	ว	ล
ม	ะ	ม	◌่	ว	ง	แ	พ	พ	ร	◌่	ร	ภ	ะ
ต	ข	ร	ญ	ย	อ	ไ	ษ	ล	ซ	◌์	◌ี	อ	ก
เ	ช	อ	ร	◌์	ร	◌ี	◌่	◌ั	ภ	เ	◌่	ไ	อ
ส	◌ั	ป	ป	ะ	ร	ด	ศ	ม	ะ	น	า	ว	ป

แอปริคอท
สัปปะรด
ส้ม
อาโวคาโด
เบอร์รี่
กล้วย
เชอร์รี่
กีวี่
ราสเบอร์รี่
มะนาว
มะม่วง
แอปเปิ้ล
เมลอน
แบล็กเบอร์รี่
เนคทารีน
มะละกอ
ลูกแพร์
พีช
พลัม
องุ่น

35 - Fattoria #2

ส	ส	ค	น	เ	ล	ี	ั	ย	ง	แ	ก	ะ	ไ
ง	ญ	ว	ม	า	ฉ	ฝ	ช	ง	ด	เ	ไ	ย	ล
ร	แ	ว	น	ฝ	ย	ก	ภ	ค	ม	บ	ด	ผ	ล
ท	ฝ	ฟ	ไ	ผ	ล	ไ	ม	้	ไ	น	ฝ	ส	ณ
ก	ฉ	ษ	ษ	ไ	ล	ู	ก	แ	ก	ะ	ฉ	ธ	ห
ป	ท	ล	ร	ฉ	ญ	ไ้	ว	ก	เ	ภ	ว	ม	บ
ข	้	า	ว	โ	พ	ด	ม	ะ	ล	ป	อ	ท	อ
ส	้	ม	ร	ั	ง	ผ	ึ	้	ง	ส	็	เ	า
ั	ช	า	ว	น	า	ไ	ข	ฉ	ข	ล	ช	ด	ห
ต	อ	ไ	ว	ห	่	า	น	า	ฉ	ค	แ	ย	า
ว	ไ	ช	ค	ส	ท	ุ	่	ง	ห	ญ	้	า	ร
์	บ	ป	แ	บ	า	ร	์	เ	ล	่	ย	์	ไ
โ	ร	ง	น	า	ช	ล	ป	ร	ะ	ท	า	น	ซ
พ	ส	ไ	ฟ	ป	ล	ษ	ี	ไ	ณ	ค	ส	ข	พ

ลูกแกะ
ชาวนา
รังผึ้ง
เป็ด
สัตว์
อาหาร
โรงนา
ผลไม้
สวนผลไม้
ข้าวสาลี
ชลประทาน
ลามา
นม
ข้าวโพด
ห่าน
บาร์เล่ย์
คนเลี้ยงแกะ
แกะ
ทุ่งหญ้า

36 - Dinosauri

ท	ท	แ	ว	ห	า	ง	ม	ร	ฟ	ภ	ส	ส	อ
ผ	ไ	ฟ	ม	◌ิ	ท	ไ	ก	ฉ	อ	เ	ม	ข	อ
ผ	ส	ด	ต	ม	ว	ท	ต	ไ	ส	ห	◌ุ	แ	ม
ห	พ	ข	ไ	ฝ	ม	◌ั	ห	ณ	ซ	ย	น	ร	น
ฝ	ฝ	ส	น	ฉ	ร	อ	ฒ	ญ	◌ิ	◌ี	ไ	◌็	◌ิ
ข	น	า	ด	ท	ษ	บ	ธ	น	ล	◌่	พ	พ	ว
ห	า	ย	ต	◌ั	ว	ไ	ป	ม	า	อ	ร	เ	อ
ป	า	พ	ท	ท	ต	ย	◌ี	โ	ล	ก	ณ	ต	ร
ไ	ป	◌ั	ป	ต	น	ว	ก	า	ถ	ต	า	อ	◌์
ข	ว	น	ฟ	ถ	ว	น	ข	ะ	ข	ไ	ว	ร	ค
ธ	ณ	ธ	ท	ร	ง	พ	ล	◌ั	ง	ธ	ห	◌์	ม
ห	ษ	◌ุ	เ	ล	ว	ร	◌้	า	ย	ถ	ซ	ญ	ง
ห	ม	◌์	ไ	ร	ย	ก	ค	ะ	ว	จ	ช	ก	◌่
ส	◌ั	ต	ว	◌์	ก	◌ิ	น	เ	น	◌ื	◌้	อ	น

ปีก
สัตว์กินเนื้อ
หาง
สมุนไพร
วิวัฒนาการ
ฟอสซิล
ใหญ่
แมมมอธ
ออมนิวอร์
ทรงพลัง
เหยื่อ
แร็พเตอร์
หายตัวไป
สายพันธุ์
ขนาด
โลก
เลวร้าย

37 - Verdure

ห	ม	ะ	เ	ข	◌ื	อ	ว	ห	ห	ฟ	ข	ก	ผ
◌ั	บ	จ	ห	ณ	ง	น	ฉ	◌ั	◌ั	บ	ผ	ว	◌ั
ว	ม	ว	◌็	อ	ถ	◌ั	◌่	ว	ว	ไ	บ	ณ	ก
ห	ศ	ะ	ด	ท	ค	ษ	ส	ไ	ผ	า	ฟ	ส	ช
อ	ง	ม	เ	อ	ถ	ธ	ณ	ช	◌ั	ว	ถ	น	◌ี
ม	า	แ	ป	ข	ไ	ย	ต	เ	ก	ว	บ	ป	ฝ
ต	ม	ต	ห	ซ	◌ี	บ	ท	ท	ก	น	ร	ผ	ร
ค	◌ั	ง	◌ิ	ฟ	ฉ	อ	อ	◌้	า	ห	อ	◌ั	◌ั
ไ	น	ก	ฝ	โ	ไ	ไ	เ	า	ด	อ	ก	ก	◌่
ส	ฝ	ว	ษ	ฝ	ช	ซ	ง	ท	า	ม	โ	โ	ง
ล	ร	า	ไ	ช	ไ	◌๊	บ	ฉ	ศ	ะ	ค	ข	ง
◌ั	◌ั	ญ	ง	ข	ป	แ	ค	ร	อ	ท	ล	ม	ด
ด	◌่	แ	ว	ญ	◌ิ	ก	ร	ะ	เ	ท	◌ี	ย	ม
า	ง	บ	ะ	ซ	ไ	ง	ฟ	◌ั	ก	ท	อ	ง	ล

กระเทียม
บรอกโคลี
อาติโช๊ค
แครอท
แตงกวา
หัวหอม
เห็ด
สลัด
มะเขือ
มันฝรั่ง
ถั่ว
มะเขือเทศ
ผักชีฝรั่ง
หัวผักกาด
หัวไชเท้า
หอม
ผักโขม
ขิง
ฟักทอง

38 - Scuola #2

พ	ว	ไ	ง	แ	ว	ช	อ	ณ	น	ด	ค	ผ	ง
ห	จ	ร	น	ซ	แ	บ	บ	ท	ด	ส	อ	บ	ต
น	ป	น	ร	ป	บ	พ	ะ	ร	ถ	เ	ม	ล	◌์
◌ั	ร	ฏ	า	ณ	ป	ะ	ห	ะ	ฟ	ก	พ	ค	ญ
ง	อ	ณ	◌ิ	น	ก	ซ	พ	ด	ห	า	◌ิ	ร	ษ
ส	ง	ง	ม	ท	◌ุ	ร	ว	ไ	ร	ร	ว	◌ู	พ
◌ี	เ	ก	ม	ศ	◌ิ	ก	ร	ณ	ภ	อ	เ	ฝ	ข
อ	ท	ผ	บ	ถ	ศ	น	ร	ม	ด	◌่	ต	ไ	พ
ห	◌้	อ	ง	ส	ม	◌ุ	ด	ม	ง	า	อ	ะ	ญ
ก	า	ค	ก	า	ร	เ	ร	◌ี	ย	น	ร	◌ู	◌้
ค	ณ	◌ิ	ต	ศ	า	ส	ต	ร	◌์	ส	◌์	ก	ะ
ก	า	ร	ศ	◌ึ	ก	ษ	า	ก	ร	ะ	ด	า	ษ
ศ	เ	ไ	ถ	ด	◌ิ	น	ส	อ	ด	า	อ	ณ	ว
ก	ร	ร	ไ	ก	ร	ไ	ว	ย	า	ก	ร	ณ	◌์

การเรียนรู้
รถเมล์
ห้องสมุด
ปฏิทิน
กระดาษ
คอมพิวเตอร์
พจนานุกรม
การศึกษา
กรรไกร
เกม
ไวยากรณ์
ครู
วรรณกรรม
การอ่าน
หนังสือ
คณิตศาสตร์
ดินสอ
แบบทดสอบ
รองเท้า

39 - Barbecue

ะ	ก	ไ	ก	◌่	ส	ผ	ล	ไ	ม	◌้	ผ	ไ	เ
อ	า	ห	า	ร	ก	ล	า	ง	ว	◌ั	น	ภ	ม
ค	ร	◌้	อ	น	า	ด	◌ั	ญ	ด	ฝ	ร	ต	บ
ร	เ	ก	ม	ซ	ง	ท	ถ	ด	ห	น	ต	ก	ถ
อ	ช	ม	ะ	เ	ข	◌ื	อ	เ	ท	ศ	ต	ซ	ว
บ	◌ี	◌ี	ภ	ค	ฤ	ด	◌ู	ร	◌้	อ	น	ร	ท
ค	◌้	ด	ซ	ว	ง	ง	ะ	ซ	ย	ญ	ไ	ธ	◌ี
ร	อ	า	ห	า	ร	เ	ย	◌็	น	◌่	ส	ฝ	พ
◌ั	เ	ม	ถ	ม	ฝ	ท	ฝ	ว	ล	ห	า	ภ	ร
ว	ช	ธ	ษ	ห	ณ	พ	ล	ข	แ	◌ั	ผ	ง	◌ิ
ซ	◌ิ	ย	ข	◌ิ	บ	ด	ไ	ง	ซ	ว	ษ	ล	ก
อ	ญ	ญ	ม	ว	อ	า	ห	า	ร	ห	ญ	พ	ไ
ส	ศ	ว	ท	ซ	ณ	ม	ไ	า	ข	อ	แ	ว	ท
เ	ก	ล	◌ื	อ	ง	ย	ข	ไ	ข	ม	ถ	ฟ	ย

ร้อน
อาหารเย็น
อาหาร
หัวหอม
มีด
ฤดูร้อน
ความหิว
ครอบครัว
ผลไม้
เกม
ย่าง
สลัด
การเชื้อเชิญ
ดนตรี
พริกไทย
ไก่
มะเขือเทศ
อาหารกลางวัน
เกลือ
ซอส

40 - Riempire

อ	◌่	า	ง	อ	◌่	า	ง	อ	า	บ	น	◌้	◌ำ
ข	อ	ต	ไ	เ	ก	ร	ะ	เ	ป	◌๋	า	ด	ญ
ษ	ศ	ค	จ	ต	ม	ธ	พ	ม	แ	บ	ฟ	ไ	โ
ซ	ข	ห	ญ	ว	บ	ง	ฟ	ซ	จ	จ	า	ถ	ฟ
า	จ	ข	บ	ฉ	อ	เ	ต	ะ	ก	ร	◌้	า	ล
ภ	ม	น	ว	ศ	ฟ	ส	ฝ	ว	◌ั	ข	ล	ด	เ
ซ	อ	ง	จ	ด	ห	ม	า	ย	น	ล	◌ั	ง	ด
ส	ว	แ	ศ	ก	ร	ถ	◌ุ	ง	จ	ณ	ธ	ถ	อ
ต	ญ	ค	จ	ฉ	พ	ก	บ	ค	ไ	ก	ด	ง	ร
บ	า	ร	◌์	เ	ร	ล	◌ิ	◌้	น	ช	◌ั	ก	◌์
ภ	ต	ท	ภ	ข	ท	◌่	ท	ร	ห	ล	อ	ด	ห
ภ	ศ	ห	ล	บ	ฝ	อ	แ	ภ	ซ	ง	ก	ะ	◌่
ญ	ะ	ะ	ผ	ห	า	ง	ข	ถ	◌ั	ง	ค	ษ	อ
ก	ล	◌่	อ	ง	ก	ร	ะ	ด	า	ษ	ป	พ	ข

อ่าง
บาร์เรล
ถุง
ขวด
ซองจดหมาย
โฟลเดอร์
กล่องกระดาษ
ลัง
ลิ้นชัก
ตะกร้า
ห่อ
กล่อง
ถัง
กระเป๋า
หลอด
อ่างอาบน้ำ
แจกัน
ถาด

41 - Insetti

ฟ	ง	ก	ร	ท	ฉ	ฉ	ง	ค	ต	ต	ะ	ม	ต
ฝ	แ	ต	น	ซ	ก	ง	แ	ต	น	แ	ต	น	◌ั
จ	ม	◌ั	เ	ฉ	ณ	ถ	ล	ม	อ	ด	ไ	ช	◌๊
◌ั	ล	ว	ไ	ห	น	อ	น	ป	ล	ว	ก	ป	ก
ก	ง	อ	ร	ร	◌็	ค	เ	า	น	ง	น	ไ	แ
จ	ป	◌่	ด	ค	ค	บ	จ	ท	ณ	ล	ส	น	ต
◌ั	อ	อ	ณ	ด	า	า	ต	◌ั	ว	เ	า	า	น
◌่	ก	น	อ	ช	ป	ช	◌่	ง	น	ต	ฝ	ฉ	บ
น	แ	ศ	ม	ผ	ศ	ณ	อ	ก	ก	◌่	ห	ก	ฝ
ด	ย	ฉ	ย	◌ื	ษ	น	พ	า	จ	า	ล	ฉ	ถ
ม	ก	ญ	แ	◌้	ถ	อ	ย	ค	บ	ท	ซ	ธ	ล
ธ	ด	◌้	ว	ง	ธ	พ	ไ	บ	จ	อ	พ	ก	อ
เ	พ	ล	◌ี	◌้	ย	◌ุ	ง	อ	ญ	ง	ล	ถ	พ
ผ	◌ี	เ	ส	◌ื	◌้	อ	ย	พ	า	จ	ป	แ	ส

เพลี้ย
ผึ้ง
แตน
ตั๊กแตน
จักจั่น
เต่าทอง
ด้วง
มอด
ผีเสื้อ
มด
ตัวอ่อน
แมลงปอ
ปาทังกา
กงแตนแตน
เห็บ
แมลงสาบ
ปลวก
หนอน
ต่อ
ยุง

42 - Erboristeria

ก	ม	ท	า	ร	◌์	ร	า	ก	อ	น	พ	แ	ฝ
ร	◌ิ	ผ	จ	ด	ผ	◌ั	ก	ช	◌ี	ล	า	ว	บ
ะ	น	ก	◌ั	อ	ะ	ช	ค	ไ	พ	จ	ฉ	ว	ถ
เ	ต	ข	เ	ก	ค	◌ุ	ณ	ภ	า	พ	ฝ	ณ	ส
ท	◌์	ส	ม	ไ	ช	โ	ร	ส	แ	ม	ร	◌ี	◌่
◌ี	ส	ข	ฝ	ม	ร	◌ี	ด	ธ	ว	ะ	น	โ	ว
ย	ส	ม	ซ	◌้	ฟ	ห	ฝ	ศ	ป	น	ไ	ห	น
ม	ม	า	ร	◌์	โ	จ	แ	ร	ม	ไ	ไ	ร	ผ
ห	ะ	ต	ห	ญ	◌้	า	ฝ	ร	◌ั	◌่	น	ะ	ส
ก	า	ร	ท	◌ำ	อ	า	ห	า	ร	◌่	เ	พ	ม
เ	ม	◌็	ด	ย	◌ี	◌่	ห	ร	◌่	า	ง	า	เ
ป	ไ	ช	ห	ล	า	เ	ว	น	เ	ด	อ	ร	◌์
ส	ง	ช	อ	อ	ร	◌ิ	ก	า	โ	น	◌่	น	ก
ซ	ไ	ธ	ม	◌์	พ	น	ป	เ	ข	◌ี	ย	ว	ย

กระเทียม
ผักชีลาว
หอม
โหระพา
การทำอาหาร
ทาร์รากอน
เม็ดยี่หร่า
ดอกไม้
สวน
ส่วนผสม
ลาเวนเดอร์
มาร์โจแรม
มินต์
ออริกาโน่
ผักชีฝรั่ง
คุณภาพ
โรสแมรี่
ไธม์
เขียว
หญ้าฝรั่น

43 - Danza

ว	ไ	ษ	ใ	ศ	ช	ห	ไ	ด	จ	ไ	ศ	จ	ก
ก	◌ั	พ	ส	ภ	ซ	ห	◌ุ	แ	ฟ	ค	◌ิ	◌ั	ถ
า	เ	ฒ	จ	ษ	◌้	ศ	ะ	◌้	ไ	ล	ล	ง	ธ
ร	จ	ท	น	ก	อ	ญ	ธ	ไ	น	า	ป	ห	ช
เ	ก	ร	ซ	ธ	ม	ย	ญ	ธ	ก	ส	ะ	ว	ศ
ค	ร	ป	อ	า	ร	ม	ณ	◌์	ฟ	ส	◌่	ะ	พ
ล	ะ	ม	ท	บ	◌่	ร	ว	น	ไ	◌ิ	ข	ว	ไ
◌ี	โ	ช	ท	ภ	า	พ	ม	ท	ซ	ก	จ	ผ	น
◌่	ด	ป	ซ	ถ	ง	ร	ง	◌่	ด	ไ	ล	ล	ช
อ	ด	ะ	จ	ฝ	ก	ป	ร	า	ถ	น	พ	ณ	ผ
น	ภ	ษ	ไ	ณ	า	น	ด	ท	น	า	ต	ต	ว
ไ	ถ	ง	ท	บ	ย	ข	ค	า	ท	พ	ต	ร	ณ
ห	แ	ส	ด	ง	อ	อ	ก	ง	เ	ย	ต	น	◌ี
ว	า	ด	ด	ป	ด	◌ั	◌้	ง	เ	ด	◌ิ	ม	แ

ศิลปะ
คลาสสิก
หุ่นส่วน
ร่างกาย
วัฒนธรรม
อารมณ์
แสดงออก
เกรซ
การเคลื่อนไหว
ดนตรี
ท่าทาง
ซ้อม
จังหวะ
กระโดด
ดั้งเดิม
ภาพ

44 - Commedia

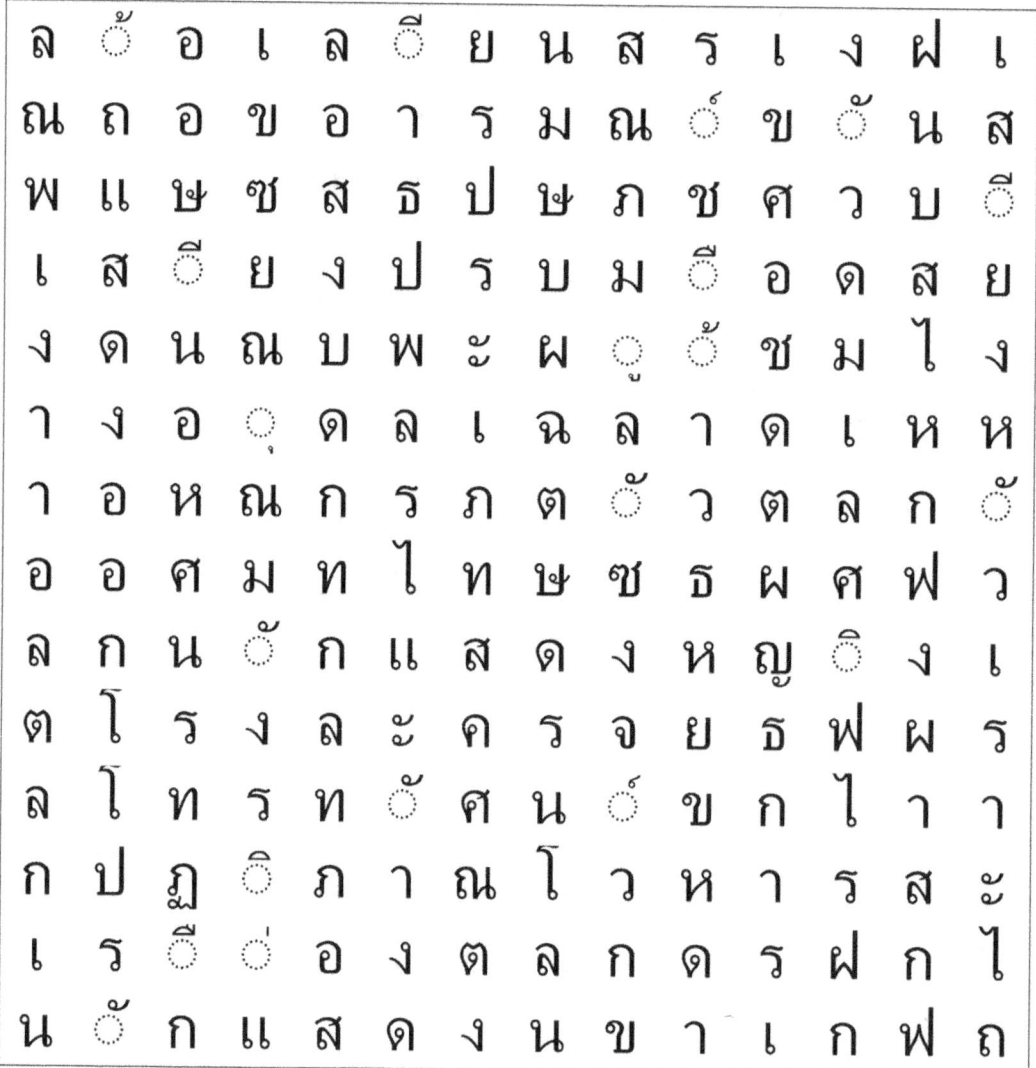

ล	◌ั	อ	เ	ล	◌ี	ย	น	ส	ร	เ	ง	ฝ	เ
ณ	ถ	อ	ข	อ	า	ร	ม	ณ	◌์	ข	◌ั	น	ส
พ	แ	ษ	ซ	ส	ธ	ป	ษ	ภ	ช	ศ	ว	บ	◌ี
เ	ส	◌ี	ย	ง	ป	ร	บ	ม	◌ื	อ	ด	ส	ย
ง	ด	น	ณ	บ	พ	ะ	ผ	◌ู	◌้	ช	ม	ไ	ง
า	ง	อ	◌ุ	ด	ล	เ	ฉ	ล	า	ด	เ	ห	ห
า	อ	ห	ณ	ก	ร	ภ	ต	◌ั	ว	ต	ล	ก	◌ั
อ	อ	ศ	ม	ท	ไ	ท	ษ	ซ	ธ	ผ	ศ	ฟ	ว
ล	ก	น	◌ั	ก	แ	ส	ด	ง	ห	ญ	◌ิ	ง	เ
ต	โ	ร	ง	ล	ะ	ค	ร	จ	ย	ธ	ฟ	ผ	ร
ล	โ	ท	ร	ท	◌ั	ศ	น	◌์	ข	ก	ไ	า	า
ก	ป	ฏ	◌ิ	ภ	า	ณ	โ	ว	ห	า	ร	ส	ะ
เ	ร	◌ี	◌่	อ	ง	ต	ล	ก	ด	ร	ฝ	ก	ไ
น	◌ั	ก	แ	ส	ด	ง	น	ข	า	เ	ก	ฟ	ถ

เสียงปรบมือ
นักแสดง
นักแสดงหญิง
ตัวตลก
ตลก
สนุก
แสดงออก
ประเภท
ปฏิภาณโวหาร
ฉลาด
ล้อเลียน
ผู้ชม
เสียงหัวเราะ
เรื่องตลก
โรงละคร
โทรทัศน์
อารมณ์ขัน

45 - Scuola #1

โ	ย	ณ	ฉ	ส	อ	ผ	ล	ซ	ช	ห	อ	ส	ร
ผ	ต	◌ั	ว	อ	◌ั	ก	ษ	ร	ห	ม	า	น	ษ
ธ	อ	◌๊	จ	บ	ไ	ส	ท	เ	◌้	า	ห	◌ุ	ร
น	บ	พ	ะ	ท	ฝ	า	ส	ก	อ	ย	า	ก	ก
เ	ร	◌ี	ย	น	ร	◌ู	◌้	◌้	ง	เ	ร	ท	ถ
โ	ฟ	ล	เ	ด	อ	ร	◌์	า	เ	ล	ก	ป	บ
ศ	ผ	ท	พ	ง	ไ	ฉ	อ	อ	ร	ข	ล	ว	ห
ต	ท	เ	◌ื	ใ	ต	ะ	ม	◌ี	◌ี	า	า	ญ	น
า	ป	ะ	◌่	ว	ใ	ม	ฟ	◌้	ย	ไ	ง	ป	◌ั
ห	ห	◌้	อ	ง	ส	ม	◌ุ	ด	น	ส	ว	า	ง
ฝ	ส	ฉ	น	ญ	ค	เ	ข	ต	◌ิ	อ	◌ั	ก	ส
ค	ณ	◌ิ	ต	ศ	า	ส	ต	ร	◌์	น	น	ก	◌ื
ซ	ร	ใ	แ	ป	ข	ธ	จ	ภ	ม	ม	ส	า	อ
จ	ข	◌ู	ก	ร	ะ	ด	า	ษ	ง	เ	ม	อ	ป

ตัวอักษร
เพื่อน
ห้องเรียน
ห้องสมุด
กระดาษ
โฟลเดอร์
สนุก
สอบ
ครู
หนังสือ
คณิตศาสตร์
ดินสอ
หมายเลข
ปากกา
เรียนรู้
อาหารกลางวัน
ตอบ
โต๊ะ
เก้าอี้

46 - Fiori

อ	แ	พ	ณ	อ	ส	เ	แ	โ	ช	ฝ	ว	ฝ	เ
พ	ม	น	ณ	ป	อ	ด	ด	ม	บ	ล	ญ	า	ล
◌ุ	ก	อ	ท	◌๊	ช	ซ	น	◌่	า	ต	ป	ย	ณ
ด	โ	ด	ท	อ	ร	◌ี	ด	ว	ธ	ห	◌ั	ฝ	ล
า	น	อ	ต	ป	ม	◌่	◌ิ	ง	ถ	ป	ฟ	◌๋	ก
ว	เ	ก	ญ	ป	ณ	ไ	ไ	ศ	ภ	ธ	ว	น	น
เ	ล	ท	ล	◌ี	โ	ค	ล	เ	ว	อ	ร	◌์	จ
ร	◌ี	า	ก	◌ั	ช	◌่	อ	ด	อ	ก	ไ	ม	◌้
◌ี	ย	น	ล	◌ุ	ว	ป	อ	ล	◌ิ	ล	ล	◌ี	◌่
อ	ท	ต	◌ี	ท	ห	ย	น	เ	ส	า	ว	ร	ส
ง	ม	ะ	บ	ห	ห	ล	ไ	ป	ศ	ด	เ	ฉ	ผ
ท	◌ิ	ว	ล	◌ิ	ป	ศ	า	ม	ะ	ล	◌ิ	ง	ไ
ล	ข	◌ั	ธ	ค	ฉ	แ	บ	บ	◌้	ษ	ข	อ	ธ
ฝ	ข	น	ล	า	เ	ว	น	เ	ด	อ	ร	◌์	ห

ดาวเรือง
แดนดิไลออน
พุด
มะลิ
ลิลลี่
ดอกทานตะวัน
ชบา
ลาเวนเดอร์
ม่วง
แมกโนเลีย
เดซี่
ช่อดอกไม้
กล้วยไม้
ป๊อปปี้
เสาวรส
โบตั๋น
กลีบ
กุหลาบ
โคลเวอร์
ทิวลิป

47 - Ecologia

ท	ร	◌ั	พ	ย	า	ก	ร	ฉ	ส	พ	ผ	ฝ	ค
แ	ภ	ย	ไ	ข	ไ	อ	ด	อ	ฝ	แ	◌ื	ญ	ว
ล	◌ู	ส	◌ั	ต	ว	◌์	ป	◌่	า	ข	ภ	ช	า
◌ั	เ	พ	ซ	◌่	ข	ห	ไ	ช	ป	ท	◌ู	ถ	ม
ง	ข	ภ	ช	ฝ	ง	ร	ไ	◌ุ	ณ	ะ	ม	ไ	ห
ฟ	า	ข	เ	ต	อ	ย	แ	ม	ไ	เ	◌ิ	ธ	ล
ท	◌ั	◌่	ว	โ	ล	ก	◌ี	ช	ฟ	ล	อ	ร	า
แ	ช	ม	ธ	ล	บ	อ	ณ	น	ป	ะ	า	ร	ก
ก	า	ร	อ	ย	◌ู	◌่	ร	อ	ด	ม	ก	ม	ห
ส	า	ย	พ	◌ั	น	ธ	◌ุ	◌์	ค	ค	า	ช	ล
ะ	เ	อ	า	ส	า	ส	ม	◌ั	ค	ร	ศ	า	า
ท	◌ี	◌่	อ	ย	◌ู	◌่	อ	า	ศ	◌ั	ย	ต	ย
เ	ป	◌็	น	ธ	ร	ร	ม	ช	า	ต	◌ิ	◌ิ	ถ
ศ	อ	ร	ษ	า	บ	◌ึ	ง	พ	ล	า	ธ	ถ	ก

ภูมิอากาศ
ชุมชน
ความหลากหลาย
สัตว์ป่า
ฟลอรา
ทั่วโลก
ที่อยู่อาศัย
ทะเล
ภูเขา
ธรรมชาติ
เป็นธรรมชาติ
บึง
ทรัพยากร
แล้ง
การอยู่รอด
ยั่งยืน
สายพันธุ์
พืช
อาสาสมัคร

48 - Discipline Scientifiche

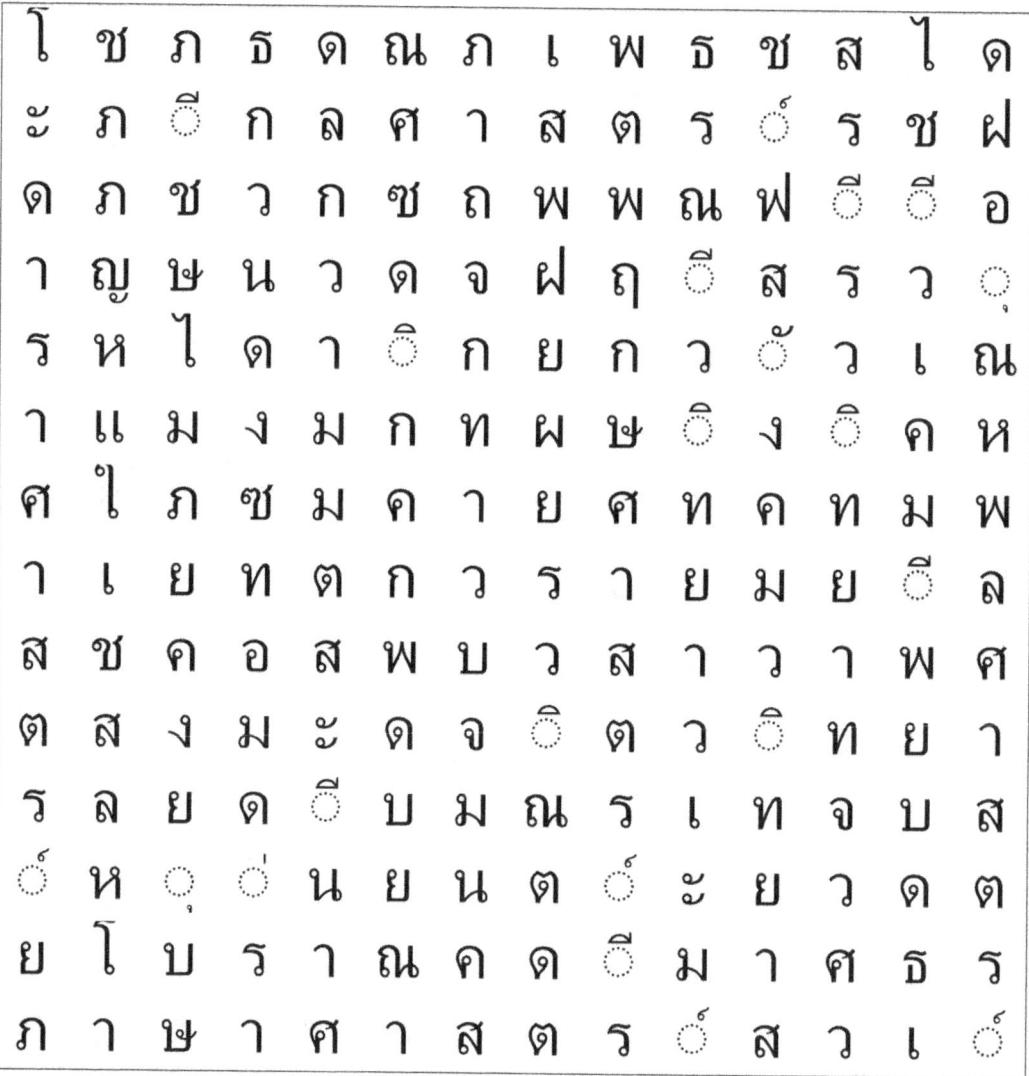

โ	ช	ภ	ธ	ด	ณ	ภ	เ	พ	ธ	ช	ส	ไ	ด
ะ	ภ	◌ี	ก	ล	ศ	า	ส	ต	ร	◌์	ร	ช	ฝ
ด	ภ	ช	ว	ก	ซ	ถ	พ	พ	ณ	ฟ	◌ี	◌ี	อ
า	ญ	ษ	น	ว	ด	จ	ฝ	ฤ	◌ี	ส	ร	ว	◌ุ
ร	ห	ไ	ด	า	◌ิ	ก	ย	ก	ว	◌ั	ว	เ	ณ
า	แ	ม	ง	ม	ก	ท	ผ	ษ	◌ิ	ง	◌ิ	ค	ห
ศ	ไ	ภ	ซ	ม	ค	า	ย	ศ	ท	ค	ท	ม	พ
า	เ	ย	ท	ต	ก	ว	ร	า	ย	ม	ย	◌ี	ล
ส	ช	ค	อ	ส	พ	บ	ว	ส	า	ว	า	พ	ศ
ต	ส	ง	ม	ะ	ด	จ	◌ิ	ต	ว	◌ิ	ท	ย	า
ร	ล	ย	ด	◌ี	บ	ม	ณ	ร	เ	ท	จ	บ	ส
◌์	ห	◌ุ	◌่	น	ย	น	ต	◌์	ะ	ย	ว	ด	ต
ย	โ	บ	ร	า	ณ	ค	ด	◌ี	ม	า	ศ	ธ	ร
ภ	า	ษ	า	ศ	า	ส	ต	ร	◌์	ส	ว	เ	◌์

โบราณคดี
ดาราศาสตร์
ชีวเคมี
ชีววิทยา
พฤกษศาสตร์
เคมี
สรีรวิทยา
ธรณีวิทยา
ภาษาศาสตร์
กลศาสตร์
โภชนาการ
จิตวิทยา
หุ่นยนต์
สังคมวิทยา
อุณหพลศาสตร์

49 - Scienza

ว	ว	ส	ก	ฟ	ภ	◌ู	ม	◌ิ	อ	า	ก	า	ศ
ม	◌ิ	ม	ร	ง	◌ิ	ษ	แ	ร	◌่	ธ	า	ต	◌ุ
เ	ว	ม	ญ	ป	ค	ส	แ	อ	ะ	ผ	ร	ณ	อ
ค	◌ั	ต	ล	ม	ภ	ก	◌ิ	ถ	ม	อ	ส	ธ	น
ม	ฒ	◌ิ	ด	น	ท	า	ภ	ก	ภ	ว	◌ั	ร	◌ุ
◌ี	น	ฐ	ไ	ณ	ร	ร	า	ด	ส	ช	ง	ร	ภ
ฉ	า	า	พ	ซ	ย	ท	ไ	ช	ผ	◌์	เ	ม	า
ะ	ก	น	ต	ข	ซ	ด	ซ	ฉ	า	ฉ	ก	ช	ค
พ	า	ฝ	จ	ม	◌้	ล	ด	อ	ไ	ผ	ต	า	ล
◌ี	ร	ะ	เ	ไ	ฟ	อ	ส	ซ	◌ิ	ล	ส	ต	ต
ช	ผ	ญ	ส	◌ิ	◌่	ง	ม	◌ี	ช	◌ี	ว	◌ิ	ต
โ	ม	เ	ล	ก	◌ุ	ล	ห	◌ู	แ	ฉ	◌ิ	ต	ข
อ	ะ	ต	อ	ม	ญ	จ	ผ	ะ	ล	เ	ธ	ฟ	ไ
แ	ร	ง	โ	น	◌้	ม	ถ	◌่	ว	ง	◌ี	ฝ	ญ

อะตอม
เคมี
ภูมิอากาศ
ข้อมูล
การทดลอง
วิวัฒนาการ
ฟิสิกส์
ฟอสซิล
แรงโน้มถ่วง
สมมติฐาน
วิธี
แร่ธาตุ
โมเลกุล
ธรรมชาติ
สิ่งมีชีวิต
การสังเกต
อนุภาค
พืช

50 - Acqua

ค	ว	า	ม	ช	◌ี	◌้	น	ค	ก	จ	ธ	พ	ธ
น	◌้	◌ำ	พ	◌ุ	ร	◌้	อ	น	ล	ห	ง	ะ	บ
ข	ช	ล	ป	ร	ะ	ท	า	น	ศ	◌ี	ม	จ	ม
ล	ช	◌ี	◌้	น	ซ	จ	ฝ	ห	ก	ค	◌่	ป	ม
ข	◌ำ	พ	ถ	ล	ว	ฟ	จ	◌ิ	ฟ	พ	ฝ	น	แ
อ	ร	ธ	ผ	ข	ซ	จ	ถ	ม	ฝ	พ	ไ	ก	ล
ศ	ม	ษ	า	า	ซ	ข	ท	ะ	เ	ล	ส	า	บ
ษ	ห	ข	ศ	ร	ด	◌ี	◌่	ม	ไ	ด	◌้	ร	ค
พ	า	ย	◌ุ	เ	ฮ	อ	ร	◌ิ	เ	ค	น	ร	ล
ภ	ส	จ	ช	จ	ห	า	ส	ล	ต	น	ส	ะ	อ
ค	ม	ร	ส	◌ุ	ม	บ	ป	ห	ร	ต	จ	เ	ง
จ	◌ุ	อ	แ	ม	◌่	น	◌้	◌ำ	ไ	ก	ธ	ห	ษ
ด	ท	ส	ย	ผ	น	◌้	◌ำ	แ	ข	◌็	ง	ย	แ
ญ	ร	ไ	อ	น	◌้	◌ำ	น	◌้	◌ำ	ท	◌่	ว	ม

น้ำท่วม
คลอง
อาบน้ำ
การระเหย
แม่น้ำ
ลำธาร
น้ำพุร้อน
น้ำแข็ง
ชลประทาน
ทะเลสาบ
มรสุม
หิมะ
มหาสมุทร
คลื่น
ฝน
ดื่มได้
ความชื้น
ชื้น
พายุเฮอริเคน
ไอน้ำ

51 - Gatti

น	ป	เ	เ	ร	◌็	ว	ข	◌ี	◌้	เ	ล	◌่	น
ย	อ	◌่	ว	ส	อ	อ	ร	ฮ	ข	ด	ซ	ม	น
ษ	ต	น	า	ว	ไ	◌ิ	ข	◌ั	ข	ซ	ล	ค	◌้
ไ	อ	ก	ษ	ฉ	แ	ส	ห	น	◌ู	ห	ซ	อ	อ
ผ	พ	อ	ต	ล	ก	ร	ง	เ	ล	◌็	บ	เ	ย
ไ	ว	ท	า	จ	ด	ะ	ญ	ต	เ	ร	◌ุ	ส	ส
แ	แ	า	พ	ย	เ	ค	ณ	อ	ส	ณ	ค	◌้	ะ
ล	บ	ไ	ก	ฟ	ง	เ	ไ	ร	ภ	อ	ล	น	ศ
ช	ป	ธ	ย	ข	า	ธ	ท	◌์	ง	ย	◌ิ	ด	ฝ
ป	ญ	จ	ต	ร	อ	ข	บ	ง	ว	ฝ	ก	◌้	ถ
ข	น	ฝ	ญ	ผ	ส	บ	ภ	ช	ส	จ	ภ	า	ถ
บ	ม	น	ณ	น	จ	◌้	ผ	ฉ	ณ	จ	า	ย	บ
ป	จ	ถ	ณ	ห	ห	า	ง	ศ	ค	ไ	พ	า	ว
ฝ	ฉ	ป	ฉ	ข	ย	พ	ผ	ช	ะ	อ	ย	บ	ถ

กรงเล็บ
ฮันเตอร์
หาง
ตลก
นอน
เส้นด้าย
ขี้เล่น
อิสระ
บ้า

ขน
บุคลิกภาพ
น้อย
ป่า
อาย
หนู
เร็ว
พาว

52 - Surf

ซ	ง	ไ	เ	ป	◌็	น	ท	◌ี	◌่	น	◌ิ	ย	ม
ณ	ไ	ม	ห	า	ส	ม	◌ุ	ท	ร	ง	ฉ	ซ	◌ี
ร	◌ู	ป	แ	บ	บ	า	ฉ	ษ	บ	ญ	ง	ช	อ
ส	ส	ภ	า	พ	อ	า	ก	า	ศ	โ	ฟ	ม	ไ
◌ุ	ส	ป	ไ	ร	ว	ผ	น	ฟ	ช	ซ	ช	จ	ห
ด	เ	ข	เ	ร	ข	ล	จ	◌ั	ภ	อ	ข	น	ม
ข	ป	ะ	ก	ร	พ	น	ส	ร	ก	เ	ข	ฉ	◌่
◌ี	ร	แ	ฟ	ส	น	◌ุ	ก	เ	ฝ	ก	บ	ณ	ท
ด	ย	ย	ค	ว	า	ม	เ	ร	◌็	ว	◌ี	ภ	ไ
ศ	◌์	ห	ก	ฉ	ฝ	ค	ห	◌ี	ฟ	บ	แ	ฬ	ญ
ช	า	ย	ห	า	ด	ไ	ล	ฟ	ค	ศ	ช	ล	า
ฉ	ร	ค	ฟ	ต	เ	ซ	แ	◌ี	ษ	ภ	ม	บ	ห
ฝ	◌ู	ง	ช	น	ณ	บ	ร	ก	◌่	บ	ป	ะ	ต
ถ	จ	ผ	ด	ท	◌้	อ	ง	ญ	ช	น	◌์	ก	ป

นักกีฬา
แชมป์
สนุก
สุดขีด
ฝูงชน
แรง
สภาพอากาศ
มหาสมุทร
คลื่น

เป็นที่นิยม
มือใหม่
โฟม
รีฟ
ชายหาด
สเปรย์
รูปแบบ
ท้อง
ความเร็ว

53 - Imbarcazioni

ค	ฉ	ง	จ	พ	ง	แ	บ	ฉ	ไ	เ	ส	า	ท
ก	ะ	ล	า	ส	◌ี	ก	ก	ฝ	ไ	ค	ม	ไ	ะ
ค	า	ย	◌ั	ค	ะ	ผ	ญ	บ	ห	ร	ญ	น	เ
ณ	ล	เ	ช	◌ื	อ	ก	เ	อ	ะ	◌ี	ถ	ส	ล
ม	ภ	◌ี	น	ถ	ย	ล	ร	แ	ม	◌่	น	◌้	◌ำ
บ	ค	ฝ	◌่	ณ	ท	ต	◌ี	ค	ล	อ	า	ณ	ง
แ	ภ	ว	อ	น	◌่	ธ	อ	น	◌ู	ง	ล	ช	ป
ท	ะ	เ	ล	ส	า	บ	ไ	◌ู	ก	ย	แ	ข	ไ
ธ	◌ุ	ด	ซ	ถ	เ	า	บ	ด	เ	น	ไ	ย	ภ
พ	า	◌่	ไ	ต	ร	ศ	ณ	ฟ	ร	ต	ส	ณ	เ
ช	น	พ	น	ฟ	◌ี	แ	พ	ษ	◌ี	◌์	ฟ	ม	ด
เ	ร	◌ื	อ	ย	อ	ช	ท	◌์	อ	ท	ก	ฟ	อ
ม	ห	า	ส	ม	◌ุ	ท	ร	เ	ภ	ญ	ข	ะ	จ
เ	ร	◌ื	อ	ข	◌้	า	ม	ฟ	า	ก	ย	ด	ว

เสา
สมอ
เรือใบ
ทุ่น
แคนู
เชือก
ท่าเรือ
ลูกเรือ
แม่น้ำ
คายัค
ทะเลสาบ
ทะเล
กะลาสี
เครื่องยนต์
มหาสมุทร
คลื่น
เรือข้ามฟาก
เรือยอชท์
แพ

54 - Api

ค	ว	ั	น	ะ	ง	ม	ด	น	แ	ร	ข	ค	ญ
ว	ร	ธ	แ	ต	ไ	ย	ธ	า	เ	ม	บ	ซ	อ
า	ข	ะ	พ	ื	ช	ท	า	า	น	จ	ล	ญ	เ
ม	ี	ด	บ	ร	ณ	า	ฟ	ซ	น	ม	แ	ง	ป
ห	้	ศ	ฉ	บ	ร	ช	ส	ว	น	ฟ	ข	ศ	จ
ล	ผ	เ	ป	็	น	ป	ร	ะ	โ	ย	ช	น	์
า	ึ	ช	ต	ล	ไ	ิ	ศ	ไ	ม	ม	า	ต	ว
ก	้	ร	ญ	ฟ	พ	ศ	เ	ช	ไ	ม	ธ	บ	ฝ
ห	ง	ป	้	ไ	ข	ฉ	ร	ว	ม	ช	ช	ง	ว
ล	พ	ษ	ไ	ง	ซ	เ	ณ	ส	ศ	ไ	แ	พ	ม
า	ป	บ	ห	ฉ	ถ	ฝ	ุ	ง	ง	ล	บ	ว	ซ
ย	น	้	ำ	ผ	ึ	้	ง	ป	ค	ว	ี	น	ด
ผ	ล	ไ	ม	้	ธ	ผ	ไ	ี	พ	บ	พ	ไ	อ
ไ	อ	า	ห	า	ร	ด	อ	ก	ไ	ม	้	ด	ก

ปีก	ผลไม้
รัง	ควัน
เป็นประโยชน์	สวน
ขี้ผึ้ง	แมลง
อาหาร	น้ำผึ้ง
ความหลากหลาย	พืช
ระบบนิเวศ	เรณุ
ดอกไม้	ควีน
ดอก	ฝูง

55 - Conservazione

ภ	ป	ฝ	ก	อ	ร	◌ี	ไ	ซ	เ	ค	◌ิ	ล	ท
ะ	ส	ย	ข	อ	◌ิ	ม	ล	พ	◌ิ	ษ	า	น	◌ี
พ	บ	ษ	ไ	แ	อ	น	◌ั	◌ำ	บ	ช	ร	ภ	◌่
ก	อ	ผ	จ	ธ	ห	ง	ท	ศ	ม	พ	พ	◌ู	อ
า	ต	ซ	ไ	แ	า	ญ	ษ	ร	อ	บ	บ	ม	ย
ร	ะ	บ	บ	น	◌ิ	เ	ว	ศ	◌ี	อ	ธ	◌ิ	◌ู
ศ	ป	า	ย	ส	ไ	า	ไ	ผ	ถ	ย	ส	อ	◌่
◌ึ	ร	ข	ค	◌ั	◌ุ	ภ	ฝ	ป	ผ	ญ	◌์	า	อ
ก	แ	ฝ	จ	ย	◌่	ข	ร	ข	ฉ	ผ	ไ	ก	า
ษ	จ	แ	แ	ม	ล	ง	ภ	ย	ว	ห	อ	า	ศ
า	ภ	ล	ไ	ฉ	ม	ป	ย	า	ะ	ท	า	ศ	◌ั
ย	เ	ข	◌ี	ย	ว	ญ	จ	◌ี	พ	แ	ว	ะ	ย
ล	ด	ณ	ล	ศ	อ	ฟ	ท	ด	น	บ	ญ	พ	ศ
เ	ป	◌็	น	ธ	ร	ร	ม	ช	า	ต	◌ิ	ไ	ต

น้ำ
รอบ
ภูมิอากาศ
ระบบนิเวศ
การศึกษา
ที่อยู่อาศัย
มลพิษ
เป็นธรรมชาติ
อินทรีย์
แมลง
รีไซเคิล
ลด
สุขภาพ
ยั่งยืน
เขียว

56 - Strumenti Musicali

ป	ซ	ข	ะ	ค	ะ	ก	ซ	เ	ป	◌ี	ย	โ	น
ก	◌ี	ต	า	ร	◌์	ข	ษ	แ	พ	น	ะ	ย	พ
ท	ซ	◌่	ฮ	า	ร	◌์	โ	ม	น	◌ิ	ก	◌้	า
ย	ร	ษ	บ	า	ส	ไ	ห	น	ฮ	า	ร	◌์	ป
ห	ไ	อ	ห	า	แ	ซ	ก	โ	ซ	โ	ฟ	น	ท
แ	ว	ค	ม	ผ	ส	ศ	ญ	ด	แ	ไ	า	เ	ก
ท	โ	บ	า	โ	ค	ซ	ร	ล	ต	ศ	ด	ต	ต
ม	อ	ญ	ร	อ	บ	ข	◌ู	◌ิ	ร	ซ	ล	น	ด
บ	ล	ว	◌ิ	โ	ต	น	ล	น	ะ	พ	ผ	น	บ
◌ู	◌ิ	ย	ม	บ	ซ	แ	พ	◌ุ	เ	ช	ล	โ	ล
ร	น	า	บ	ไ	ฝ	ก	ม	ภ	◌่	ฆ	◌้	อ	ง
◌ี	อ	ห	า	แ	บ	น	โ	จ	ส	ย	ท	น	จ
น	ส	ย	ค	ล	า	ร	◌ิ	เ	น	◌็	ต	ช	ญ
ไ	ม	◌้	ต	◌ี	ก	ล	อ	ง	ก	ล	อ	ง	ฝ

ฮาร์โมนิก้า
ฮาร์ป
ไม้ตีกลอง
แบนโจ
กีตาร์
คลาริเน็ต
ปี่บาสซูน
ขลุ่ย
ฆ้อง
แมนโดลิน
มาริมบา
โอโบ
เปียโน
แซกโซโฟน
แทมบูรีน
กลอง
แตร
ทรอมโบน
ไวโอลิน
เชลโล

57 - Professioni #2

ถ	ฉ	ภ	ฟ	ว	ศ	◌ั	ล	ย	แ	พ	ท	ย	◌์
ส	ด	เ	ร	า	◌ิ	น	◌ั	ก	ว	◌ิ	จ	◌ั	ย
ถ	ห	ต	ส	ฝ	ม	ศ	ซ	ว	ะ	ต	ภ	บ	ค
น	◌ั	ก	บ	◌ิ	น	อ	ว	ก	า	ศ	ไ	ร	น
ว	จ	น	ช	ซ	ศ	ณ	ง	ก	ซ	ส	ต	ร	ส
ม	น	◌ั	ฉ	น	ซ	เ	จ	ย	ร	ก	ษ	ณ	ว
น	◌ั	ก	ช	◌ี	ว	ว	◌ิ	ท	ย	า	ค	า	น
◌ั	ก	ป	◌่	ถ	ข	ม	ต	ห	ศ	ธ	พ	ร	ไ
ก	บ	ร	า	ณ	ด	ช	ร	ข	ฟ	อ	พ	◌ั	◌ู
ข	◌ิ	◌ั	ง	น	ม	ไ	ก	ะ	ไ	ร	บ	ก	แ
◌่	น	ช	ภ	จ	ฟ	ฟ	ร	ป	ไ	ข	ป	ษ	พ
า	ร	ญ	า	ท	◌ั	น	ต	แ	พ	ท	ย	◌์	ท
ว	ฉ	า	พ	ผ	◌ู	◌้	ส	อ	บ	ส	ว	น	ย
ภ	ส	จ	ช	ม	น	◌ั	ก	ส	◌ี	บ	ษ	ข	◌์

นักบินอวกาศ
บรรณารักษ์
นักชีววิทยา
ศัลยแพทย์
ทันตแพทย์
นักสืบ
นักปรัชญา
ช่างภาพ
คนสวน
นักข่าว
วิศวกร
ครู
ผู้สอบสวน
แพทย์
นักบิน
จิตรกร
นักวิจัย

58 - Letteratura

ก	บ	ท	พ	ู	ด	บ	จ	ป	ค	ช	ท	ร	ค
ผ	า	ฟ	ร	ม	ว	ท	ั	ฟ	ว	ี	ฉ	ช	ำ
ู	ไ	ร	ม	ท	ย	ก	ง	ส	า	ว	ผ	ไ	อ
ั้	ป	ู	ว	น	ไ	ว	ห	ั	ม	ป	ู	ธ	ุ
บ	ค	ป่	ป	ิ	ห	ี	ว	ม	เ	ร	ั้	บ	ป่
ร	ท	แ	ร	ย	เ	ภ	ะ	ผ	ห	ะ	เ	ท	ม
ร	ไ	บ	ว	า	ว	ค	ภ	ั	็	ว	ข	ว	า
ย	ข	บ	ธ	ย	ญ	ะ	ร	ส	น	ั	ี	ิ	ถ
า	ป	ซ	ถ	ช	ข	ร	ณ	า	เ	ต	ย	จ	ล
ย	ธ	ร	ธ	ล	ั	ก	ษ	ณ	ะ	ิ	น	า	ด
ภ	ี	อ	ะ	น	า	ล	็	อ	ก	ห	ด	ร	ณ
อ	ม	ะ	ม	เ	ถ	อ	จ	ฟ	ด	ม	์	ณ	ณ
บ	ศ	ท	ห	ถ	ภ	น	ย	ฉ	า	ญ	ณ	์	ม
ว	ง	ก	ผ	พ	บ	ท	ส	ร	ุ	ป	ว	ร	ณ

การวิเคราะห์
อะนาล็อก
ผู้เขียน
ชีวประวัติ
บทสรุป
บทวิจารณ์
ลักษณะ
บทพูด
ประเภท
คำอุปมา
ผู้บรรยาย
ความเห็น
กลอน
บทกวี
สัมผัส
จังหวะ
นิยาย
รูปแบบ
ธีม

59 - Cibo #2

ก	ข	ถ	อ	ผ	บ	บ	ม	ธ	ม	ข	เ	ง	า
ล	◌้	พ	ช	ง	ต	ท	ร	ม	ะ	เ	ข	◌ี	อ
◌้	า	ง	◌็	ผ	◌ุ	ก	ร	อ	ผ	อ	◌้	ฝ	แ
ว	ว	ศ	อ	ค	อ	◌่	ซ	ไ	ก	ใ	า	ศ	พ
ย	ส	ง	ค	ท	ฟ	ภ	น	ข	ช	โ	ว	แ	ด
ท	า	ม	โ	พ	จ	ศ	น	◌่	ง	ร	ค	ซ	ผ
เ	ล	แ	ก	แ	อ	ป	เ	ป	◌ิ	◌้	ล	ล	ภ
ช	◌ี	ส	แ	ก	◌ี	ว	◌ี	◌่	ท	ด	ผ	บ	◌ี
อ	ข	ท	ล	ม	ะ	เ	ข	◌ี	อ	เ	ท	ศ	เ
ร	แ	น	ต	ข	◌ึ	◌้	น	ฉ	◌่	า	ย	ป	ห
◌์	ฮ	แ	ม	โ	ย	เ	ก	◌ิ	ร	◌์	ต	ล	◌็
ร	ม	ส	จ	ป	ป	ถ	ล	ไ	ท	ด	ฉ	า	ด
◌ี	ก	ษ	ท	ก	◌ั	ไ	ก	◌่	ย	อ	ข	ซ	ณ
◌่	ต	ด	ณ	ก	ญ	ง	ฝ	ญ	พ	แ	ณ	ณ	ห

กล้วย
บรอกโคลี
เชอร์รี่
ช็อคโกแลต
ชีส
เห็ด
ข้าวสาลี
กีวี่
แอปเปิ้ล
มะเขือ

ขนมปัง
ปลา
ไก่
มะเขือเทศ
แฮม
ข้าว
ขึ้นฉ่าย
ไข่
องุ่น
โยเกิร์ต

60 - Nutrizione

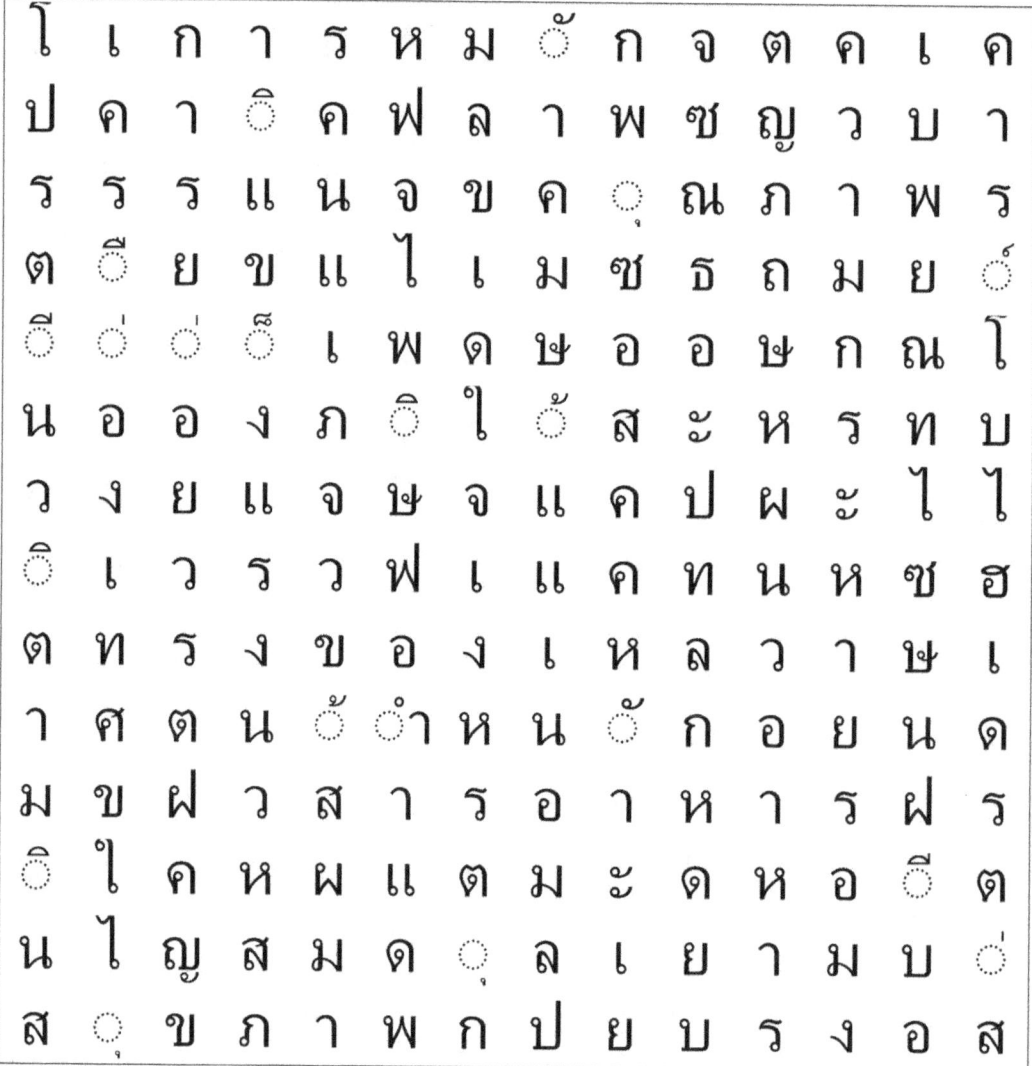

โ	เ	ก	า	ร	ห	ม	◌ั	ก	จ	ต	ค	เ	ค
ป	ค	า	◌ิ	ค	ฟ	ล	า	พ	ซ	ญ	ว	บ	า
ร	ร	ร	แ	น	จ	ข	ค	◌ุ	ณ	ภ	า	พ	ร
ต	◌ี	ย	ข	แ	ไ	เ	ม	ซ	ธ	ถ	ม	ย	◌์
◌ี	◌่	◌่	◌็	เ	พ	ด	ษ	อ	อ	ษ	ก	ณ	โ
น	อ	อ	ง	ภ	◌ิ	ไ	◌้	ส	ะ	ห	ร	ท	บ
ว	ง	ย	แ	จ	ษ	จ	แ	ค	ป	ผ	ะ	ไ	ไ
◌ิ	เ	ว	ร	ว	ฟ	เ	แ	ค	ท	น	ห	ซ	ฮ
ต	ท	ร	ง	ข	อ	ง	เ	ห	ล	ว	า	ษ	เ
า	ศ	ต	น	◌้	◌ำ	ห	น	◌ั	ก	อ	ย	น	ด
ม	ข	ฝ	ว	ส	า	ร	อ	า	ห	า	ร	ฝ	ร
◌ิ	ไ	ค	ห	ผ	แ	ต	ม	ะ	ด	ห	อ	◌ี	ต
น	ไ	ญ	ส	ม	ด	◌ุ	ล	เ	ย	า	ม	บ	◌่
ส	◌ุ	ข	ภ	า	พ	ก	ป	ย	บ	ร	ง	อ	ส

ขม
ความกระหาย
สมดุล
แคลอรี่
คาร์โบไฮเดรต
กินได้
อาหาร
การย่อย
การหมัก
ของเหลว
สารอาหาร
น้ำหนัก
โปรตีน
คุณภาพ
ซอส
สุขภาพ
แข็งแรง
เครื่องเทศ
พิษ
วิตามิน

61 - Matematica

ร	เ	ห	ร	ต	ส	ม	ม	า	ต	ร	ส	บ	ซ
◌ั	ร	ม	ะ	◌ั	◌ั	ม	เ	ล	ข	ค	ณ	◌ิ	ต
ศ	ข	า	ด	◌้	ท	ว	ก	ผ	ถ	ธ	ส	ท	ฉ
ม	า	ย	◌ั	ง	ไ	ศ	แ	า	ฝ	น	า	ล	ย
◌ี	ค	เ	บ	ฉ	ไ	า	น	ท	ร	ว	ม	ะ	ค
ใ	ณ	ล	เ	า	เ	ห	พ	◌ิ	น	ว	เ	ง	พ
ด	◌ิ	ข	ส	ก	ข	น	า	น	ย	ล	ห	เ	ข
ะ	ต	ญ	◌ี	ห	แ	ผ	น	ก	ส	ม	ล	ศ	ง
ป	ณ	ญ	ย	ป	ต	แ	ร	ย	ฉ	◌ุ	◌ี	ษ	ย
ข	อ	บ	ง	ล	ฉ	น	เ	ศ	อ	ม	◌่	ส	ฝ
บ	า	ฝ	ป	ณ	ม	ธ	ข	ถ	อ	จ	ย	◌่	ง
ท	เ	ส	◌้	น	ร	อ	บ	ว	ง	ด	ม	ว	ห
ญ	ฝ	แ	เ	ด	ภ	แ	อ	จ	ศ	ส	ย	น	ร
ร	แ	ฝ	อ	ท	ธ	ป	ห	ง	า	ด	ป	จ	ซ

มุม
เลขคณิต
เส้นรอบวง
ทศนิยม
แผนก
สมการ
ตัวแทน
เศษส่วน
เรขาคณิต
องศา
หมายเลข
ขนาน
ขอบ
ตั้งฉาก
รัศมี
สมมาตร
รวม
สามเหลี่ยม
ระดับเสียง

62 - Meditazione

ท	พ	ห	ณ	ร	บ	ฉ	อ	ก	ณ	จ	ญ	ใ	ค
ย	◌่	ส	◌ั	น	ต	◌ิ	ภ	า	พ	◌ิ	ภ	ฝ	ว
ค	ว	า	ม	ส	น	ใ	จ	ร	ร	ต	ญ	ญ	า
ว	ณ	ศ	ท	ก	ว	ห	ข	ส	แ	ม	ผ	ธ	ม
า	ล	ต	ม	า	ษ	บ	ใ	◌ั	เ	ด	ณ	ห	ค
ม	ห	ถ	ถ	ส	ง	บ	ธ	ง	ไ	ฉ	ต	◌์	◌ิ
เ	ใ	ด	น	ต	ร	◌ี	ม	เ	ม	ธ	ช	ร	ด
ม	ง	จ	พ	ค	ว	า	ม	ก	ต	◌ั	ญ	ญ	◌ู
ต	ย	แ	ต	ซ	จ	ข	ม	ต	ฟ	ว	ห	ธ	ไ
ต	ก	า	ร	เ	ค	ล	◌ื	◌่	อ	น	ไ	ห	ว
า	ภ	ธ	ร	ร	ม	ช	า	ต	◌ิ	ภ	ค	ง	ล
ก	า	ร	ห	า	ย	ใ	จ	ม	◌ุ	ม	ม	อ	ง
อ	ค	ว	า	ม	ช	◌ั	ด	เ	จ	น	ณ	ด	อ
ฝ	อ	ณ	ข	ค	ว	า	ม	ส	◌ุ	ข	แ	ร	ไ

ความสนใจ
สงบ
ความชัดเจน
อารมณ์
ความสุข
ความเมตตา
ความกตัญญู
จิต
ใจ
การเคลื่อนไหว
ดนตรี
ธรรมชาติ
การสังเกต
สันติภาพ
ความคิด
ท่าทาง
มุมมอง
การหายใจ

63 - Estate

ฟ	จ	ส	เ	ด	◌ิ	น	ท	า	ง	ผ	ข	ห	ม
อ	เ	ว	ล	า	ว	◌่	า	ง	ป	◌่	ว	า	ก
ม	จ	น	ถ	ณ	พ	ไ	ง	ซ	ม	อ	ไ	บ	ข
บ	ช	ธ	ต	ท	ว	ค	จ	ด	◌ำ	น	◌้	◌ำ	ณ
ร	◌้	ช	ฝ	ม	ร	ร	ษ	อ	ก	ค	ส	อ	พ
อ	ถ	า	ด	า	ว	อ	อ	ม	ย	ล	แ	น	ญ
ง	ฉ	ย	น	ส	ว	บ	ะ	า	ะ	า	ผ	ด	เ
เ	อ	ห	ต	ก	ร	ค	ะ	ต	ห	ย	ค	ไ	พ
ท	า	า	ร	เ	ไ	ร	ข	ภ	ไ	า	ซ	ง	◌ื
◌้	ป	ด	◌ี	ห	อ	◌ั	ก	ม	ย	ธ	ร	ธ	◌่
า	ท	แ	แ	ะ	ณ	ว	◌ั	น	ห	ย	◌ุ	ด	อ
แ	ะ	ช	ห	น	◌ั	ง	ส	◌ื	อ	ร	อ	เ	น
ต	เ	ก	ม	ค	ว	า	ม	ท	ร	ง	จ	◌ำ	ภ
ะ	ล	บ	ฝ	ถ	ฝ	ก	า	อ	ไ	ภ	ร	ต	จ

เพื่อน
บ้าน
อาหาร
ครอบครัว
สวน
เกม
จอย
ดำน้ำ
หนังสือ
ทะเล

ดนตรี
ความทรงจำ
ผ่อนคลาย
รองเท้าแตะ
ชายหาด
ดาว
เวลาว่าง
วันหยุด
เดินทาง

64 - Escursionismo

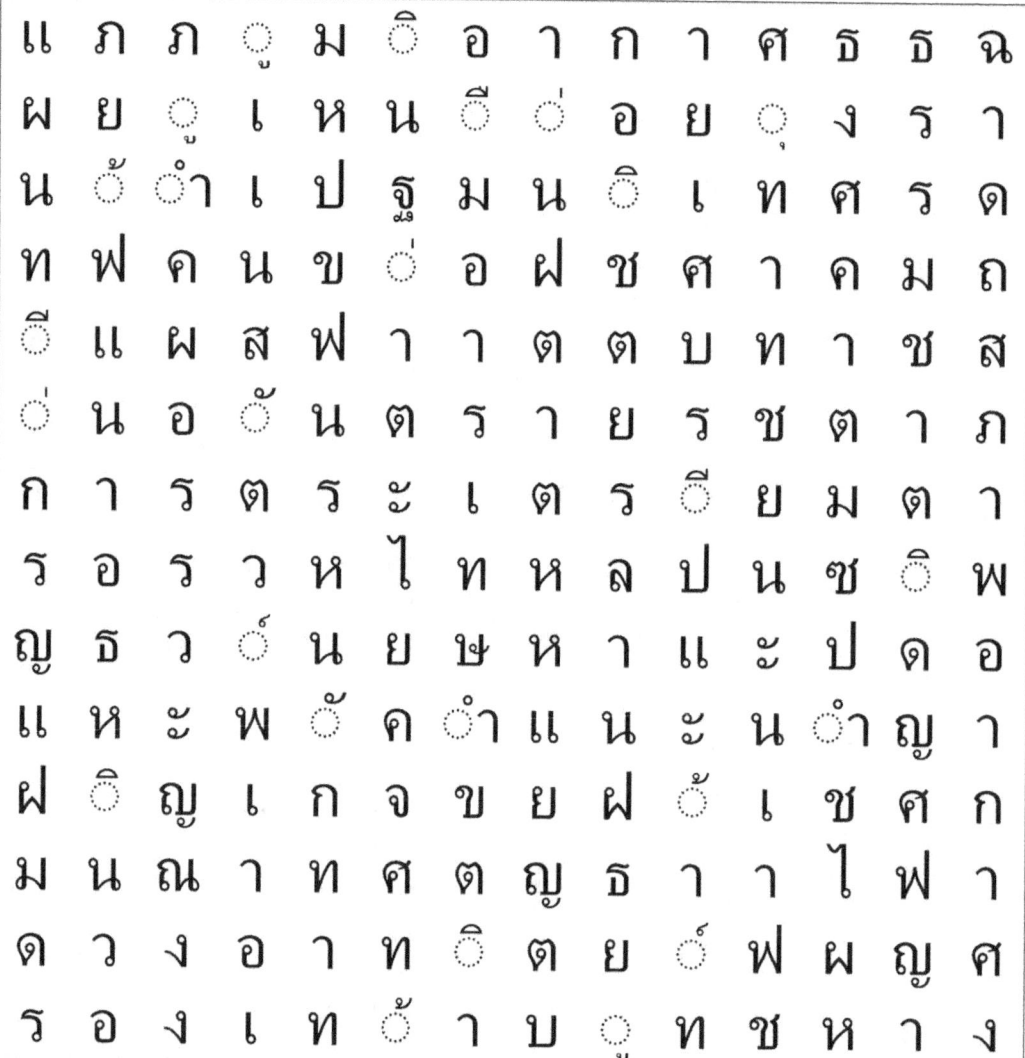

แ	ภ	ภ	ู	ม	ิ	อ	า	ก	า	ศ	ธ	ธ	ฉ
ผ	ย	ู	เ	ห	น	ี	่	อ	ย	ุ	ง	ร	า
น	ั	ำ	เ	ป	ฐ	ม	น	ิ	เ	ท	ศ	ร	ด
ท	ฟ	ค	น	ข	่	อ	ฝ	ช	ศ	า	ค	ม	ถ
ี	แ	ผ	ส	ฟ	า	า	ต	ต	บ	ท	า	ช	ส
่	น	อ	ั	น	ต	ร	า	ย	ร	ช	ต	า	ภ
ก	า	ร	ต	ร	ะ	เ	ต	ร	ี	ย	ม	ต	า
ร	อ	ร	ว	ห	ไ	ท	ห	ล	ป	น	ซ	ิ	พ
ญ	ธ	ว	์	น	ย	ษ	ห	า	แ	ะ	ป	ด	อ
แ	ห	ะ	พ	ั	ค	ำ	แ	น	ะ	น	ำ	ญ	า
ฝ	ิ	ญ	เ	ก	จ	ข	ย	ฝ	้	เ	ช	ศ	ก
ม	น	ณ	า	ท	ศ	ต	ญ	ธ	า	า	ไ	ฟ	า
ด	ว	ง	อ	า	ท	ิ	ต	ย	์	ฟ	ผ	ญ	ศ
ร	อ	ง	เ	ท	้	า	บ	ู	ท	ช	ห	า	ง

น้ำ
สัตว์
ภูมิอากาศ
คำแนะนำ
แผนที่
สภาพอากาศ
ภูเขา
ธรรมชาติ
ปฐมนิเทศ
อันตราย
หนัก
หิน
การตระเตรียม
หน้าผา
ป่า
ดวงอาทิตย์
เหนื่อย
รองเท้าบูท
ยุง

65 - Professioni #1

น	า	เ	ท	น	า	ย	ค	ว	า	ม	ฝ	น	ฮ
◌ั	พ	อ	อ	ม	ะ	ด	ธ	ผ	ห	จ	น	◌ั	◌ั
ก	ย	ก	◌ั	ด	ก	แ	ป	ณ	ญ	ม	แ	ก	น
ด	า	อ	ญ	น	◌ั	ก	เ	ต	◌้	น	อ	จ	เ
า	บ	◌ั	ม	ช	า	ถ	ม	ข	ษ	ค	ณ	◌ิ	ต
ร	า	ค	ณ	ก	◌่	ย	ศ	ไ	ญ	ง	ค	ต	อ
า	ล	ร	◌ี	ท	ถ	า	ธ	ย	ฝ	ล	า	ว	ร
ศ	ม	ร	ถ	ธ	ผ	ห	ง	น	ฝ	ด	น	◌ิ	◌์
า	ข	า	บ	ต	ผ	ท	ไ	ป	า	ภ	ซ	ท	ธ
ส	อ	ช	เ	ภ	ส	◌ั	ช	ก	ร	ค	น	ย	ห
ต	ช	ท	ศ	◌ิ	ล	ป	◌ิ	น	อ	ะ	า	า	น
ร	ผ	◌ู	น	◌ั	ก	ด	น	ต	ร	◌ี	ป	ร	ซ
◌์	ษ	ต	ก	ะ	ล	า	ส	◌ี	ะ	ถ	ย	า	บ
บ	ร	ร	ณ	า	ธ	◌ิ	ก	า	ร	โ	ค	◌้	ช

โค้ช
เอกอัครราชทูต
ศิลปิน
นักดาราศาสตร์
ทนายความ
นักเต้น
นายธนาคาร
ฮันเตอร์
บรรณาธิการ
เภสัชกร
อัญมณี
ช่างประปา
พยาบาล
กะลาสี
หมอ
นักดนตรี
นักจิตวิทยา

66 - Antartide

ห	ม	◌ู	◌่	เ	ก	า	ะ	ซ	ถ	ต	า	ล	อ
ค	ว	ส	◌ิ	◌่	ง	แ	ว	ด	ล	◌้	อ	ม	◌่
า	◌ิ	ภ	ภ	◌ู	ม	◌ิ	ป	ร	ะ	เ	ท	ศ	า
บ	ท	◌ู	ก	า	ร	เ	ด	◌ิ	น	ท	า	ง	ว
ส	ย	ม	ล	น	ข	ย	เ	น	ไ	ว	จ	ป	ป
ม	า	◌ิ	า	◌้	ษ	ร	อ	ไ	◌้	ศ	ก	ล	ส
◌ุ	ศ	ศ	เ	◌ำ	ต	ะ	◌ุ	ภ	ค	◌ำ	ส	า	ล
ท	า	า	ซ	แ	ท	ศ	ณ	ข	ไ	จ	บ	ว	แ
ร	ส	ส	◌ี	ข	ว	ก	ห	ก	ร	เ	น	า	ร
ฉ	ต	ต	ย	◌็	◌ี	ษ	ภ	น	ห	ะ	ม	ฬ	◌่
ไ	ร	ร	ร	ง	ป	ท	◌ู	ล	ถ	ซ	ส	ฆ	ธ
ษ	◌์	◌์	◌์	ป	ล	อ	ม	ญ	ถ	ญ	ค	ล	า
ฝ	อ	ภ	น	◌ั	ก	ว	◌ิ	จ	◌ั	ย	ป	เ	ต
ญ	า	ไ	ก	า	ร	โ	ย	ก	ย	◌้	า	ย	◌ุ

น้ำ
สิ่งแวดล้อม
อ่าว
ปลาวาฬ
ทวีป
ภูมิศาสตร์
กลาเซียร์
น้ำแข็ง
หมู่เกาะ
การโยกย้าย
แร่ธาตุ
เมฆ
คาบสมุทร
นักวิจัย
ขรุขระ
วิทยาศาสตร์
การเดินทาง
อุณหภูมิ
ภูมิประเทศ

67 - Libri

เ	ร	◌ี	◌่	อ	ง	ร	า	ว	ณ	ค	ช	◌ุ	ด
ศ	ณ	ญ	ฟ	ช	ล	ฝ	บ	ท	ก	ว	◌ี	ฉ	ถ
ผ	◌ู	◌้	อ	◌่	า	น	ล	ก	ต	า	เ	จ	ค
อ	◌ู	ม	ธ	ผ	พ	ข	ก	า	ล	ม	ะ	ฟ	ง
ว	น	◌้	ส	ท	ศ	น	น	ร	ก	เ	ด	ญ	จ
จ	ฝ	า	บ	ว	ง	เ	◌ิ	ผ	ร	ป	ธ	ผ	ะ
ป	บ	ข	ถ	ร	ป	ข	ย	จ	ข	◌็	ณ	◌ู	ก
ธ	จ	จ	ถ	ร	ร	◌ี	า	ญ	ค	น	ผ	◌้	จ
ษ	ฟ	ช	ด	ณ	ะ	ย	ย	ภ	ส	ค	แ	เ	เ
ห	น	◌้	า	ก	ด	น	า	◌ั	ท	◌ู	ต	ข	ล
ต	ม	พ	บ	ร	◌ิ	บ	ท	ย	ห	◌่	ข	◌ี	ฝ
ญ	ช	ร	แ	ร	ษ	ม	ห	า	ก	า	พ	ย	◌์
ง	ข	ณ	ธ	ม	ฐ	อ	◌ั	ก	ข	ร	ะ	น	ส
ไ	ฟ	ง	ท	ต	◌์	ไ	า	ถ	ภ	ค	ซ	ง	ภ

ผู้เขียน
การผจญภัย
อักขระ
ชุด
บริบท
ความเป็นคู่
มหากาพย์
ประดิษฐ์
วรรณกรรม
ผู้อ่าน
ผู้บรรยาย
หน้า
บทกวี
นิยาย
เขียน
เรื่องราว
อนาถ
ตลก

68 - Geografia

ภ	ป	อ	ซ	แ	ท	ว	ี	ป	ส	ญ	ย	ช	แ
ู	ย	ต	ณ	ื	ม	ิ	แ	ผ	น	ท	ี	่	อ
เ	ม	ื	อ	ง	ก	่	ศ	ภ	า	ะ	ภ	ป	ต
ข	ธ	ช	ศ	ถ	ป	โ	น	เ	ล	เ	า	น	ล
า	ป	ร	ะ	เ	ท	ศ	ล	้	ห	ล	ค	ด	า
เ	ส	้	น	แ	ว	ง	แ	ก	ำ	น	ห	ไ	ส
เ	ม	อ	ร	ิ	เ	ด	ี	ย	น	ส	ื	ะ	โ
ร	ะ	ด	ั	บ	ค	ว	า	ม	ส	ู	ง	อ	ล
ต	ะ	ว	ั	น	ต	ก	ใ	น	ห	บ	ญ	ธ	ก
ป	ก	แ	ช	ษ	ภ	บ	ต	ร	ซ	า	น	ด	ร
ช	ล	พ	ก	ย	ซ	ป	้	เ	ณ	แ	ต	น	ฟ
เ	ส	ก	แ	ฝ	ฉ	ไ	ว	ก	ห	ท	ซ	จ	ค
ร	ะ	ไ	แ	แ	ก	ศ	อ	า	ณ	า	เ	ข	ต
ต	ฉ	จ	แ	ค	า	อ	ล	ะ	ต	ิ	จ	ู	ด

ระดับความสูง
แอตลาส
เมือง
ทวีป
ซีกโลก
แม่น้ำ
เกาะ
ละติจูด
เส้นแวง
แผนที่
ทะเล
เมอริเดียน
โลก
ภูเขา
ทิศเหนือ
ตะวันตก
ประเทศ
ภาค
ใต้
อาณาเขต

69 - Cibo #1

ห	ก	ล	ผ	◌ั	ก	โ	ข	ม	ะ	น	า	ว	อ
ซ	ร	พ	ป	ก	ร	ห	◌ั	ว	ห	อ	ม	ต	า
ภ	ะ	พ	ธ	ค	ไ	ร	ล	น	ม	า	ฝ	ห	โ
ม	เ	ก	ล	◌ื	อ	ะ	ห	◌ู	เ	ษ	ไ	ข	ว
ด	ท	น	ล	เ	จ	พ	ภ	ม	ก	ไ	ไ	ค	ค
แ	◌ี	◌้	◌ี	ค	เ	า	ซ	พ	จ	แ	น	ษ	า
น	ย	◌ำ	ก	◌้	น	◌้	◌ำ	ต	า	ล	พ	ม	โ
ท	ม	ผ	ว	ก	อ	บ	เ	ช	ย	ม	ว	ร	ด
◌ู	น	ล	ห	◌ั	ว	ผ	◌ั	ก	ก	า	ด	ต	◌์
น	ศ	ไ	ล	ห	ห	ค	ต	น	ข	ฝ	า	เ	ว
◌่	บ	ม	ห	ฟ	ห	ท	ฝ	ษ	ะ	ช	จ	ฝ	ร
า	ท	◌้	ม	◌ิ	น	ต	◌์	ส	ล	◌ั	ด	ซ	ถ
พ	ร	ส	บ	า	ร	◌์	เ	ล	◌่	ย	◌์	แ	า
แ	ค	ร	อ	ท	ถ	แ	น	ก	ม	พ	ห	ต	ถ

กระเทียม
อาโวคาโด
โหระพา
อบเชย
เนื้อ
แครอท
หัวหอม
สลัด
นม
มะนาว
มินต์
บาร์เล่ย์
ลูกแพร์
หัวผักกาด
เกลือ
ผักโขม
น้ำผลไม้
ทูน่า
เค้ก
น้ำตาล

70 - Aeroplani

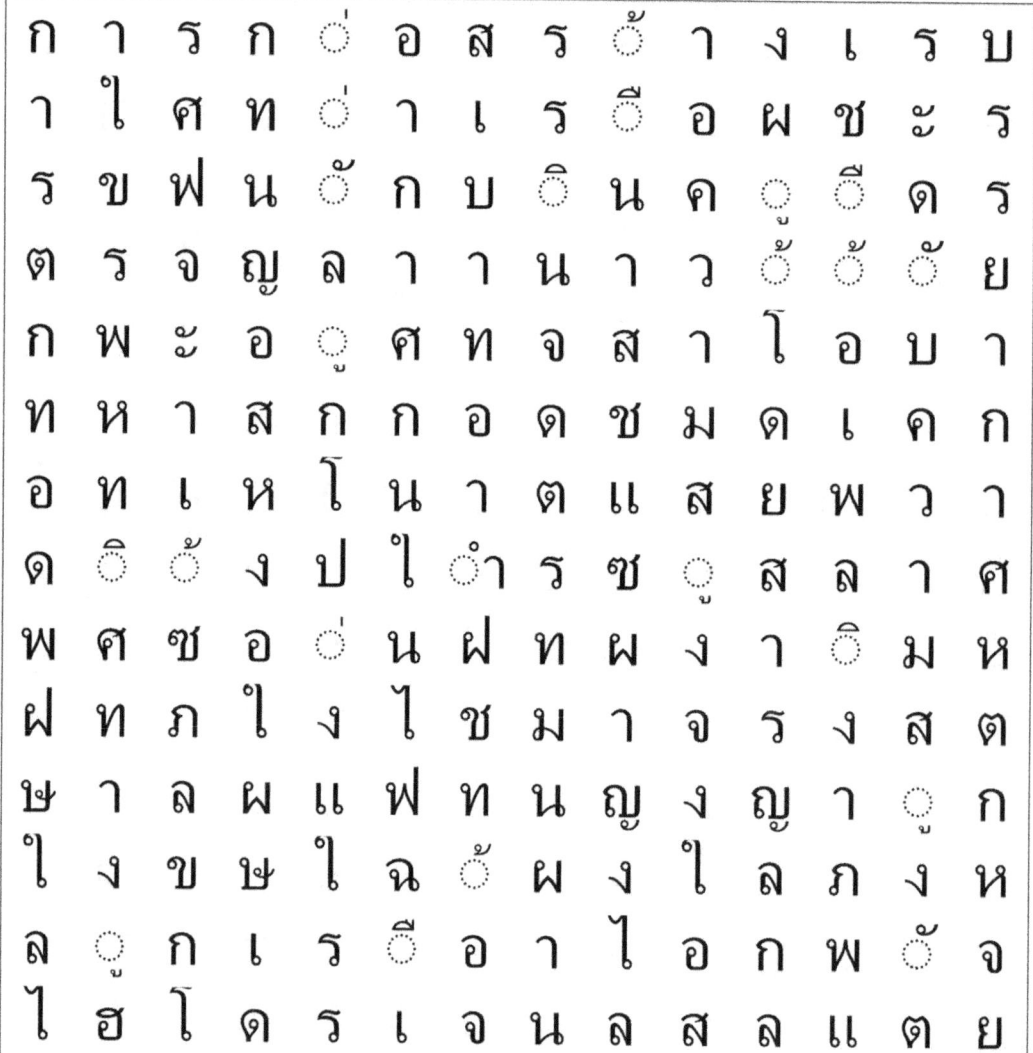

ก	า	ร	ก	◌่	อ	ส	ร	◌้	า	ง	เ	ร	บ
า	ไ	ศ	ท	◌่	า	เ	ร	◌ื	อ	ผ	ช	ะ	ร
ร	ข	ฟ	น	◌ั	ก	บ	◌ิ	น	ค	◌ู	◌ื	ด	ร
ต	ร	จ	ญ	ล	า	า	น	า	ว	◌้	◌้	◌ั	ย
ก	พ	ะ	อ	◌ู	ศ	ท	จ	ส	า	โ	อ	บ	า
ท	ห	า	ส	ก	ก	อ	ด	ช	ม	ด	เ	ค	ก
อ	ท	เ	ห	โ	น	า	ต	แ	ส	ย	พ	ว	า
ด	◌ิ	◌้	ง	ป	ไ	◌ำ	ร	ซ	◌ู	ส	ล	า	ศ
พ	ศ	ซ	อ	◌่	น	ฝ	ท	ผ	ง	า	◌ิ	ม	ห
ฝ	ท	ภ	ไ	ง	ไ	ช	ม	า	จ	ร	ง	ส	ต
ษ	า	ล	ผ	แ	ฟ	ท	น	ญ	ง	ญ	า	◌ู	ก
ไ	ง	ข	ษ	ไ	ฉ	◌้	ผ	ง	ไ	ล	ภ	ง	ห
ล	◌ู	ก	เ	ร	◌ื	อ	า	ไ	อ	ก	พ	◌ั	จ
ไ	ฮ	โ	ด	ร	เ	จ	น	ล	ส	ล	แ	ต	ย

ความสูง
ระดับความสูง
อากาศ
บรรยากาศ
ท่าเรือ
การผจญภัย
เชื้อเพลิง
ท้องฟ้า
การก่อสร้าง
ทิศทาง
การตกทอด
ลูกเรือ
ไฮโดรเจน
นำทาง
ลูกโป่ง
ผู้โดยสาร
นักบิน

71 - Pirati

ม	เ	ถ	ธ	ล	ะ	ป	ษ	ค	ด	แ	ห	ง	ร
ห	ซ	ธ	ล	ป	◌ู	ธ	ท	ฉ	ฝ	ร	น	ล	◌ั
ภ	พ	ธ	ซ	ภ	ผ	ก	ด	อ	ซ	ส	ห	จ	ม
ไ	ก	ณ	ภ	อ	ฟ	ถ	เ	ญ	ก	ะ	ภ	แ	ฉ
อ	า	ช	า	ย	ห	า	ด	ร	ฝ	ภ	ป	ผ	ศ
อ	ร	น	ท	แ	จ	ท	อ	ง	◌ี	ญ	ง	ล	ธ
เ	ผ	ก	ถ	◌้	◌ำ	อ	แ	◌ั	ง	อ	ว	เ	ง
ข	จ	แ	ผ	น	ท	◌ี	◌่	เ	น	ข	เ	ป	ห
◌็	ญ	ก	ต	ย	แ	ณ	ว	ก	ก	ต	ห	◌็	า
ม	ภ	◌้	ส	ม	อ	ย	ห	า	◌ั	◌ำ	ร	น	ข
ท	◌ั	ว	ซ	ล	ม	ม	◌่	ะ	ป	น	◌ี	า	ษ
◌ิ	ย	ด	า	บ	ป	น	ย	ธ	ต	า	ย	ษ	ย
ศ	ส	ม	บ	◌ั	ต	◌ิ	พ	ณ	◌ั	น	ญ	ธ	ไ
น	ก	ะ	อ	ณ	แ	พ	ถ	ว	น	ป	น	จ	ห

สมอ
การผจญภัย
ธง
เข็มทิศ
กัปตัน
แย่
แผลเป็น
ลูกเรือ
ถ้ำ
เกาะ

ตำนาน
แผนที่
เหรียญ
ทอง
นกแก้ว
อันตราย
รัม
ดาบ
ชายหาด
สมบัติ

72 - Colori

ค	เ	ฟ	ว	ะ	ภ	ร	น	ท	ช	ซ	อ	ห	ส
เ	ข	◌ี	ย	ว	ป	ฟ	เ	ฉ	ห	ม	พ	ป	◌ี
ท	ส	◌ี	น	◌้	◌ำ	ต	า	ล	ป	ไ	พ	ฟ	ม
า	◌ี	◌ี	ค	อ	ช	ไ	ะ	พ	ฟ	บ	ธ	◌ู	◌่
ซ	ด	ญ	น	ส	◌ี	ฟ	◌้	า	ม	า	ท	เ	ว
ก	◌ำ	ซ	ก	◌้	ค	ร	า	ม	ถ	ณ	ษ	ช	ง
ซ	ส	ะ	น	ม	◌ำ	ะ	แ	ห	ข	า	ว	◌ี	แ
ส	◌ี	ฟ	ข	ก	ศ	เ	ด	จ	ท	ร	ษ	ย	ด
◌ี	เ	เ	ส	◌ี	แ	ด	ง	เ	ข	◌้	ม	า	ง
ม	ห	บ	ป	เ	ก	ฉ	ธ	◌ิ	ภ	ก	ธ	า	ถ
◌่	ล	จ	ท	◌ี	ธ	ต	ฉ	ฉ	น	อ	ง	พ	ห
ว	◌ี	ม	ซ	ศ	ย	ะ	ช	ถ	ไ	จ	า	ภ	ศ
ง	อ	ด	ข	ป	ป	ฟ	ร	ต	ค	า	ล	ถ	ณ
ว	ง	เ	ช	ะ	ข	ณ	ภ	พ	เ	ศ	ส	ธ	ข

ส้ม
เบจ
ขาว
สีน้ำเงิน
สีฟ้า
สีแดงเข้ม
ฟูเชีย
สีเหลือง
เทา
คราม
สีม่วงแดง
สีน้ำตาล
สีดำ
ชมพู
แดง
ซีเปีย
เขียว
สีม่วง

73 - Spiaggia

ร	ไ	ถ	ท	ะ	เ	ล	พ	ล	า	ก	◌ู	น	ส
ร	◌่	ห	◌่	ผ	◌้	า	ข	น	ห	น	◌ู	แ	◌ี
อ	ย	ม	า	ด	ร	◌ี	ฟ	บ	ฉ	น	ข	ภ	น
ง	ไ	ซ	เ	ะ	ว	ม	บ	ณ	ส	พ	ม	ฟ	◌้
เ	ต	เ	ร	◌ื	อ	ง	ห	ง	ข	ท	ะ	ภ	◌ำ
ท	ศ	ร	◌ี	ป	ศ	ะ	อ	า	ด	ร	จ	เ	เ
◌้	ฝ	◌ี	อ	◌ู	ผ	ะ	อ	า	ส	ว	ธ	ถ	ง
า	ก	อ	ษ	แ	ถ	ต	ฉ	ฉ	ท	ม	ว	ร	◌ิ
แ	ไ	ใ	ช	า	ย	ฝ	◌ั	◌่	ง	◌ิ	◌ุ	ต	น
ต	ก	บ	ว	◌ั	น	ห	ย	◌ุ	ด	ศ	ต	ท	ศ
ะ	ร	พ	ร	เ	ง	ส	ง	ฝ	แ	เ	ย	ย	ร
ส	ถ	ฝ	ญ	ร	ห	ย	ธ	พ	ข	ก	ฟ	พ	◌์
ม	ณ	จ	ฉ	ษ	ญ	ฝ	ณ	ท	ร	า	ย	า	จ
พ	ช	ซ	จ	ผ	ค	ฝ	ข	ศ	ด	ะ	พ	ว	แ

ผ้าขนหนู
เรือ
เรือใบ
สีน้ำเงิน
ชายฝั่ง
ท่าเรือ
ปู
เกาะ
ลากูน
ทะเล
มหาสมุทร
ร่ม
ทราย
รองเท้าแตะ
รีฟ
ดวงอาทิตย์
วันหยุด

74 - Avventura

ค	ว	า	ม	ย	า	ก	ส	บ	ฝ	ว	จ	ธ	ค
เ	า	บ	ผ	น	◌่	า	แ	ป	ล	ก	ไ	จ	ว
ด	ะ	ด	◌ิ	บ	ไ	ช	ะ	อ	พ	ด	ห	ล	า
ฉ	ญ	ไ	ด	บ	บ	แ	ศ	ม	ง	ค	ม	ค	ม
น	ฝ	ข	ป	ย	ค	พ	ธ	แ	ต	ะ	◌่	ว	ง
โ	ท	ญ	ก	ธ	ว	เ	พ	◌ื	◌่	อ	น	า	า
อ	◌ั	น	ต	ร	า	ย	จ	ะ	น	ษ	ย	ม	ม
ก	ศ	ก	◌ิ	ร	ม	ค	ะ	ท	อ	ง	ร	ก	ป
า	น	◌ิ	า	ม	ท	า	ถ	ค	ไ	ไ	ถ	ล	ล
ส	ศ	จ	ษ	ช	◌้	ญ	ย	ค	ร	ย	ล	◌้	า
ส	◌ึ	ก	ป	า	า	น	◌ำ	ร	◌่	อ	ง	า	ย
แ	ก	ร	เ	ต	ท	จ	ช	ด	ญ	ไ	ะ	ห	ท
อ	ษ	ร	ม	◌ิ	า	ย	อ	แ	ค	ย	ฝ	า	า
ห	า	ม	ษ	ก	ย	ร	จ	ย	จ	ห	ส	ญ	ง

เพื่อน
กิจกรรม
ความงาม
ความกล้าหาญ
ปลายทาง
ความยาก
ทัศนศึกษา
จอย
ผิดปกติ
ธรรมชาติ
นำร่อง
ใหม่
โอกาส
อันตราย
ความท้าทาย
น่าแปลกใจ

75 - Oceano

ถ	ค	ม	ป	ภ	ว	ธ	ฉ	ง	ฟ	ศ	ณ	ส	น
บ	ะ	ผ	ท	ะ	พ	ห	น	จ	ข	ก	ย	ต	◌้
ฝ	ว	ถ	ค	ม	ก	◌ุ	◌้	ง	ฟ	ห	ว	ช	◌ำ
ป	ล	า	ไ	ห	ล	า	ร	ด	ม	อ	า	ษ	ข
ป	ป	ช	ณ	ร	ซ	ฉ	ร	ณ	บ	ป	ฬ	ร	◌ึ
◌ู	ร	ข	ป	ญ	ษ	ล	◌ี	◌ั	เ	ต	◌่	า	◌้
ะ	เ	ร	◌ื	อ	ท	า	ฟ	อ	ง	น	◌้	◌ำ	น
ะ	ก	ผ	ถ	ข	พ	ม	น	ก	ต	ษ	แ	ก	น
ต	ล	ม	ค	แ	ม	ง	ก	ะ	พ	ร	◌ุ	น	◌้
ศ	◌ี	ร	ป	ล	า	ผ	อ	ผ	ส	า	แ	ล	◌ำ
ธ	อ	น	ร	ไ	◌ี	า	า	ต	จ	ห	ย	ป	ล
ท	◌ู	น	◌่	า	จ	◌่	ง	ศ	า	ห	ว	◌ุ	ง
ป	ล	า	โ	ล	ม	า	น	ช	ม	ฉ	ฟ	ข	ฝ
แ	ณ	ฝ	ร	พ	ห	อ	ย	น	า	ง	ร	ม	ก

ปลาไหล
วาฬ
เรือ
ปะการัง
ปลาโลมา
กุ้ง
ปู
น้ำขึ้นน้ำลง
แมงกะพรุน
คลื่น
หอยนางรม
ปลา
เกลือ
รีฟ
ฟองน้ำ
ฉลาม
เต่า
พายุ
ทูน่า

76 - Famiglia

ล	◌ู	ก	ส	า	ว	เ	ด	◌็	ก	เ	น	ล	า
ภ	ร	ร	ย	า	แ	พ	◌่	อ	ร	ธ	ข	◌ู	ฉ
ศ	ผ	ภ	ธ	ส	ม	ว	◌ั	ย	เ	ด	◌็	ก	ศ
ฟ	ง	ว	เ	ร	◌่	◌ี	ป	◌้	า	ะ	ล	พ	ญ
แ	ก	น	ห	อ	ผ	ษ	ฝ	ล	เ	ย	บ	◌ี	บ
ไ	ไ	ช	ไ	ว	ท	ผ	ไ	ซ	ฟ	น	ร	◌่	ป
ะ	ห	น	◌้	อ	ง	ช	า	ย	ไ	◌้	ร	ล	◌ู
ฝ	ล	◌ุ	ง	ท	น	ช	ท	ญ	ธ	อ	พ	◌ู	◌่
ถ	า	ธ	ด	ป	ม	า	ร	ด	า	ง	บ	ก	ล
แ	น	แ	น	ธ	แ	ภ	ฟ	ค	ร	ส	◌ุ	น	ฝ
ศ	ช	ซ	ฝ	ย	ไ	ห	ฝ	ธ	ะ	า	ร	◌้	อ
ณ	า	แ	แ	ด	ฝ	ค	ไ	พ	ว	ว	◌ุ	อ	า
ช	ย	อ	ะ	ซ	ร	ด	ส	บ	ไ	ข	ษ	ง	ฝ
ม	จ	แ	บ	ท	ส	เ	ด	า	ว	ถ	ธ	ฟ	ภ

บรรพบุรุษ
เด็ก
ลูกพี่ลูกน้อง
ลูกสาว
น้องชาย
ฝาแฝด
วัยเด็ก
แม่
สามี
มารดา
ภรรยา
หลานชาย
ยาย
ปู่
พ่อ
น้องสาว
ป้า
ลุง

77 - Veicoli

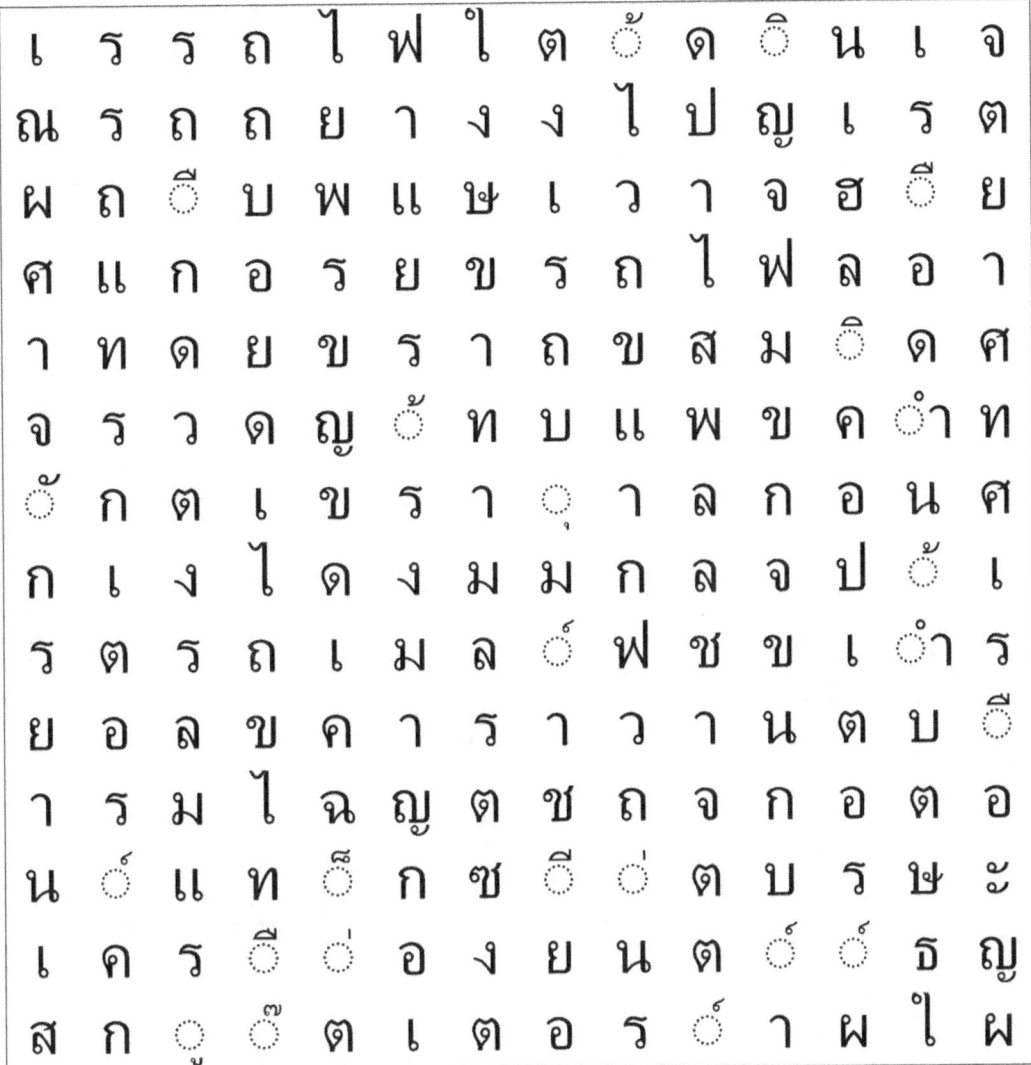

เ	ร	ร	ถ	ไ	ฟ	ใ	ต	้	ด	ิ	น	เ	จ
ณ	ร	ถ	ถ	ย	า	ง	ง	ไ	ป	ญ	เ	ร	ต
ผ	ถ	ี	บ	พ	แ	ษ	เ	ว	า	จ	ฮ	ื	ย
ศ	แ	ก	อ	ร	ย	ข	ร	ถ	ไ	ฟ	ล	อ	า
า	ท	ด	ย	ข	ร	า	ถ	ข	ส	ม	ิ	ด	ศ
จ	ร	ว	ด	ญ	้	ท	บ	แ	พ	ข	ค	ำ	ท
ั	ก	ต	เ	ข	ร	า	ุ	า	ล	ก	อ	น	ศ
ก	เ	ง	ไ	ด	ง	ม	ม	ก	ล	จ	ป	้	เ
ร	ต	ร	ถ	เ	ม	ล	์	ฟ	ช	ข	เ	ำ	ร
ย	อ	ล	ข	ค	า	ร	า	ว	า	น	ต	บ	ื
า	ร	ม	ไ	ฉ	ญ	ต	ช	ถ	จ	ก	อ	ต	อ
น	์	แ	ท	็	ก	ซ	ี	่	ต	บ	ร	ษ	ะ
เ	ค	ร	ื	่	อ	ง	ย	น	ต	์	์	ธ	ญ
ส	ก	ู	๊	ต	เ	ต	อ	ร	์	า	ผ	ไ	ผ

รถพยาบาล
รถ
รถเมล์
เรือ
จักรยาน
รถบรรทุก
คาราวาน
เฮลิคอปเตอร์
รถไฟใต้ดิน
เครื่องยนต์
ยาง
จรวด
สกู๊ตเตอร์
เรือดำน้ำ
แท็กซี่
เรือข้ามฟาก
รถแทรกเตอร์
รถไฟ
แพ

78 - Emozioni

ฝ	แ	เ	ต	จ	ข	ก	ส	พ	ย	ค	ร	ร	ก
ผ	ษ	ผ	◌ี	ก	ไ	า	ร	◌ั	ก	ค	ษ	ต	า
เ	บ	◌ื	◌่	อ	า	ร	ค	ไ	บ	อ	น	แ	ษ
น	ม	ล	น	ว	ค	บ	ฝ	ว	ะ	ภ	ธ	ฉ	ฉ
◌ี	ไ	ะ	เ	ไ	ๆ	ร	ถ	ค	า	บ	ข	บ	ง
◌้	ะ	ด	ต	ษ	ผ	ร	ภ	ว	ข	ม	ป	เ	ศ
อ	ช	ผ	◌้	ผ	ล	เ	ถ	า	ฉ	ษ	ส	ง	บ
ห	ต	◌่	น	บ	ถ	ท	เ	ม	จ	อ	ย	ง	ก
า	ษ	อ	า	ล	บ	า	ไ	โ	แ	ผ	อ	ฉ	บ
ส	◌ั	น	ต	◌ิ	ภ	า	พ	ก	ต	◌ั	ญ	ญ	◌ู
ไ	ข	ค	บ	แ	ไ	ไ	ย	ร	ล	อ	จ	พ	ส
ช	ห	ล	ม	ศ	ฟ	า	ข	ธ	น	◌ั	ห	อ	จ
ค	ว	า	ม	เ	ม	ต	ต	า	ท	ไ	ว	ไ	ป
น	บ	ย	ค	ว	า	ม	เ	ศ	ร	◌้	า	จ	ต

รัก
สงบ
เนื้อหา
ตื่นเต้น
ความเมตตา
จอย
กตัญญู
เบื่อ
สันติภาพ
กลัว
ความโกรธ
ผ่อนคลาย
การบรรเทา
พอใจ
แผ่วๆ
ความสงบ
ความเศร้า

79 - Natura

ฝ	ฝ	ร	ณ	น	น	แ	ษ	ห	ธ	ณ	ฟ	ผ	ผ
แ	ม	◌่	น	◌ั	◌ำ	บ	ก	น	า	พ	ป	◌ื	พ
ฟ	ไ	อ	แ	ไ	ร	ง	น	◌้	ร	ณ	ศ	◌้	เ
ผ	ข	น	แ	พ	บ	ญ	อ	า	น	◌ิ	◌่	ง	ข
ภ	◌ู	เ	ข	า	ล	ไ	ซ	ผ	◌้	ท	ค	ข	ต
ก	ส	◌ั	ต	ว	◌์	ว	ม	า	◌ำ	◌ี	ว	ร	ร
ม	ถ	ป	ฟ	ง	ย	ผ	◌ั	◌้	แ	◌่	า	ส	◌้
ไ	แ	ถ	ฟ	ะ	ธ	ค	แ	ต	ข	ห	ม	◌ำ	อ
ก	แ	ห	ส	ค	ธ	ซ	เ	ห	◌็	ล	ง	ค	น
อ	า	ร	◌์	ก	ต	◌ิ	ก	ม	ง	บ	า	◌ั	ฉ
ล	ญ	เ	ษ	ป	ง	ศ	ด	อ	ฆ	ภ	ม	ญ	น
ป	◌่	า	ด	ด	ญ	ร	ธ	ก	ช	◌ั	ย	ม	า
ต	เ	ร	ท	ะ	เ	ล	ท	ร	า	ย	ผ	า	ค
ย	ผ	ศ	ธ	ญ	ซ	า	จ	ฉ	ม	ไ	ผ	ก	ะ

สัตว์
ผึ้ง
อาร์กติก
ความงาม
ทะเลทราย
พลวัต
ร่อน
แม่น้ำ
ใบไม้
ป่า
ธารน้ำแข็ง
ภูเขา
หมอก
เมฆ
ที่หลบภัย
หน้าผา
นิ่ง
เขตร้อน
สำคัญมาก

80 - Balletto

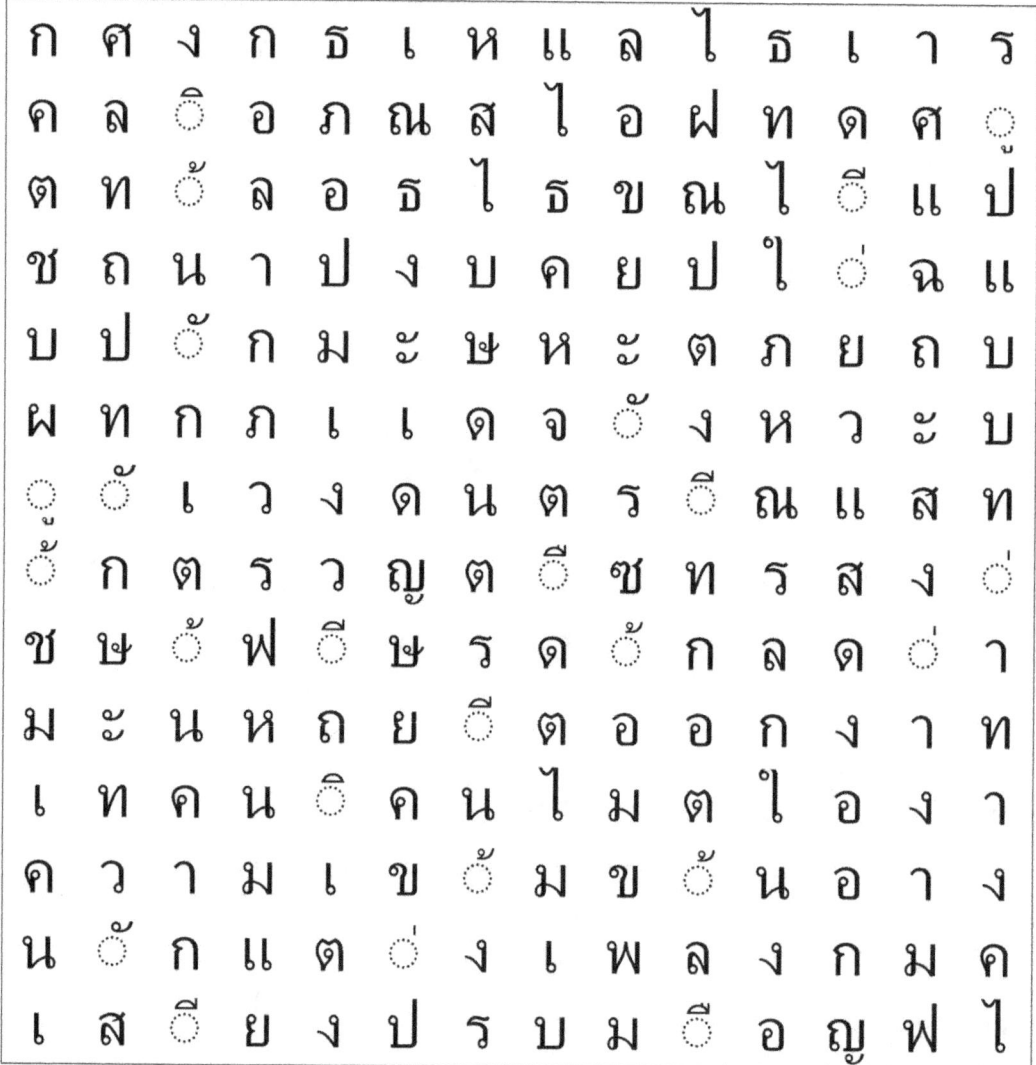

ก	ศ	ง	ก	ธ	เ	ห	แ	ล	ไ	ธ	เ	า	ร
ค	ล	◌ิ	อ	ภ	ณ	ส	ไ	อ	ฝ	ท	ด	ศ	◌ู
ต	ท	◌้	ล	อ	ธ	ไ	ธ	ข	ณ	ไ	◌ี	แ	ป
ช	ถ	น	า	ป	ง	บ	ค	ย	ป	ไ	◌่	ฉ	แ
บ	ป	◌ั	ก	ม	ะ	ษ	ห	ะ	ต	ภ	ย	ถ	บ
ผ	ท	ก	ภ	เ	เ	ด	จ	◌ั	ง	ห	ว	ะ	บ
◌ู	◌ั	เ	ว	ง	ด	น	ต	ร	◌ี	ณ	แ	ส	ท
◌้	ก	ต	ร	ว	ญ	ต	◌ี	ซ	ท	ร	ส	ง	◌่
ช	ษ	◌้	ฟ	◌ี	ษ	ร	ด	◌้	ก	ล	ด	◌่	า
ม	ะ	น	ห	ถ	ย	◌ี	ต	อ	อ	ก	ง	า	ท
เ	ท	ค	น	◌ิ	ค	น	ไ	ม	ต	ไ	อ	ง	า
ค	ว	า	ม	เ	ข	◌้	ม	ข	◌้	น	อ	า	ง
น	◌ั	ก	แ	ต	◌่	ง	เ	พ	ล	ง	ก	ม	ค
เ	ส	◌ี	ย	ง	ป	ร	บ	ม	◌ื	อ	ญ	ฟ	ไ

ทักษะ
เสียงปรบมือ
ศิลปะ
เดี่ยว
นักเต้น
นักแต่งเพลง
แสดงออก
ท่าทาง
สง่างาม
ความเข้มข้น
บทเรียน
กล้ามเนื้อ
ดนตรี
วงดนตรี
ซ้อม
ผู้ชม
จังหวะ
รูปแบบ
เทคนิค

81 - Castelli

เ	ห	บ	แ	ต	ญ	ธ	ก	ฟ	แ	ล	ณ	ป	ม
ห	อ	ค	อ	ย	ญ	ฉ	ซ	เ	◌ิ	ย	ข	◌้	ง
น	เ	ม	ค	ข	ต	ช	ศ	ย	ฉ	ว	ไ	อ	ก
◌ั	จ	◌ั	แ	ร	อ	◌ั	ศ	ว	◌ิ	น	ด	ม	◌ุ
ง	◌้	ง	โ	ล	◌่	◌้	ก	ผ	ไ	จ	ถ	◌ั	ฎ
ส	า	ก	แ	ง	ผ	น	◌ั	ง	บ	◌ั	ถ	ด	ล
ต	ช	ร	เ	ห	อ	ส	ด	ส	ล	ก	ร	ผ	ส
◌ิ	า	ช	น	ย	ณ	◌ู	ด	ห	ด	ร	ช	ศ	ถ
◌๊	ย	ษ	พ	ภ	ร	ง	ร	า	ช	ว	ง	ศ	◌์
ก	ป	ม	◌้	า	ก	อ	ญ	า	บ	ร	เ	ค	ข
พ	ร	ะ	ร	า	ช	ว	◌ั	ง	า	ร	ก	ษ	ง
อ	า	ณ	า	จ	◌ั	ก	ร	น	ถ	ด	ร	ธ	พ
เ	จ	◌้	า	ห	ญ	◌ิ	ง	ง	ส	◌ิ	า	ร	จ
ฝ	ย	◌ู	น	◌ิ	ค	อ	ร	◌์	น	ฉ	ะ	ต	บ

เกราะ
หนังสติ๊ก
อัศวิน
ม้า
มงกุฎ
ราชวงศ์
มังกร
ฟิวดัล
ป้อม
จักรวรรดิ
ชั้นสูง
พระราชวัง
ผนัง
เจ้าชาย
เจ้าหญิง
อาณาจักร
โล่
ดาบ
หอคอย
ยูนิคอร์น

82 - Campionato

ม	โ	ม	ง	ค	ซ	น	า	ค	ค	ท	ก	ส	ษ
ฉ	ค	ว	า	ม	อ	ด	ท	น	ช	ร	ศ	พ	ท
ท	◌้	ก	ท	ผ	แ	ถ	ท	ศ	ค	ภ	ป	ว	พ
ไ	ช	า	ร	◌ี	◌ู	ก	ล	ย	◌ุ	ท	ธ	◌์	ว
ท	◌ิ	ร	ไ	ย	ม	◌้	ล	ภ	ด	ก	เ	ล	ฝ
ข	ง	แ	ช	ม	ป	◌์	พ	ย	ค	พ	ก	◌ี	บ
ล	แ	ส	◌ั	า	ก	แ	ก	◌ิ	พ	ด	เ	ก	ม
ฝ	ช	ด	ย	ะ	เ	ร	◌ี	เ	พ	ณ	ว	พ	ฝ
ธ	ม	ง	ช	ภ	ห	ง	ฬ	แ	ห	า	ษ	ส	ถ
ศ	ป	ข	น	ก	ง	จ	า	ญ	า	ร	ก	ท	ท
ผ	◌์	พ	ะ	ซ	◌ี	◌ู	ค	ย	ห	น	◌ี	ษ	ษ
ก	า	ร	แ	ข	◌่	ง	ข	◌ั	น	ค	ฉ	ย	า
ฝ	เ	พ	ฉ	ล	อ	ไ	ด	ด	ญ	ม	บ	ช	ญ
ผ	ศ	ม	ไ	จ	ก	จ	ษ	ค	ธ	ฝ	แ	ฝ	ไ

โค้ช
ชิงแชมป์
แชมป์
เกม
ผู้พิพากษา
ลีก
เหรียญ
แรงจูงใจ
การแสดง
ความอดทน
กีฬา
ทีม
กลยุทธ์
เหงื่อ
การแข่งขัน
ชัยชนะ

83 - Foresta Pluviale

ษ	ฉ	ไ	ข	ญ	ไ	ค	พ	แ	ข	ฟ	ษ	ช	ก
ข	ณ	เ	ย	ก	แ	ด	เ	ม	อ	ส	ส	◌์	ไ
ธ	ต	ม	ม	ท	◌ี	◌่	ห	ล	บ	ภ	◌ั	ย	น
ย	ร	ฆ	ธ	◌ี	จ	ข	ฉ	ง	ไ	ซ	ณ	ง	ณ
พ	ผ	ร	ข	ธ	ค	ะ	เ	แ	ย	ร	ะ	จ	น
เ	ฤ	ะ	ม	ก	ป	◌่	ซ	จ	ป	น	ม	ญ	ก
ค	ท	ก	า	ช	◌่	อ	า	ส	อ	ย	ช	ณ	า
า	ข	ฉ	ษ	ส	า	ย	พ	◌ั	น	ธ	◌ุ	◌์	ร
ร	ก	า	แ	ศ	น	ต	ฉ	ถ	ฉ	ฝ	ม	ก	ถ
พ	ห	ฟ	ฟ	ก	า	ร	◌ิ	ป	ม	ศ	ช	ว	น
ถ	บ	ธ	ล	ย	ท	ส	อ	ส	ณ	ย	น	เ	อ
ป	ล	ไ	ด	เ	ย	ะ	ต	ด	ษ	ญ	ต	ล	ม
บ	ก	า	ร	อ	ย	◌ู	◌่	ร	อ	ด	ค	ฝ	น
ภ	◌ู	ม	◌ิ	อ	า	ก	า	ศ	◌์	แ	ต	ง	ป

พฤกษศาสตร์
ภูมิอากาศ
ชุมชน
ป่า
แมลง
มอสส์
ธรรมชาติ
เมฆ
การถนอม
มีค่า
ที่หลบภัย
เคารพ
การอยู่รอด
สายพันธุ์
นก

84 - Edifici

ส	ษ	อ	ด	ห	ไ	โ	ก	โ	ก	ส	อ	ฟ	โ
แ	น	พ	ห	◌้	ป	ร	ธ	ร	ก	ถ	ผ	า	ร
ต	ไ	า	ข	า	ด	ง	ห	ง	โ	า	ร	ร	ง
ศ	ผ	ร	ม	ง	ต	แ	อ	เ	ร	น	ย	◌์	ภ
ม	อ	◌์	ษ	ก	เ	ร	ด	ร	ง	ท	โ	ม	า
ณ	ษ	ท	ร	ล	◌ี	ม	◌ู	◌ี	ง	◌ู	ร	เ	พ
ษ	ป	เ	ล	ช	โ	ฬ	ด	ย	า	ต	ง	ต	ย
อ	ธ	ม	แ	ก	ร	ค	า	น	น	ผ	พ	◌็	น
บ	ฉ	◌้	ะ	ท	ง	ไ	ว	โ	ข	ษ	ย	น	ต
ห	◌้	น	ห	ม	ล	ถ	ป	ร	า	ส	า	ท	ร
ม	ฝ	า	ก	อ	ะ	ณ	ธ	ง	ญ	ร	บ	◌์	◌์
ด	ฝ	แ	น	ะ	ค	ร	ถ	น	จ	ถ	า	ศ	ช
ภ	ไ	ม	ฉ	ต	ร	อ	ด	า	ญ	ด	ล	ช	พ
ท	◌ี	◌่	พ	◌ั	ก	ค	ย	ข	ช	ธ	า	ช	ป

สถานทูต
อพาร์ทเม้น
ห้าง
บ้าน
ปราสาท
โรงภาพยนตร์
โรงงาน
ฟาร์ม
โรงนา
โรงแรม
โรงพยาบาล
หอดูดาว
ที่พัก
โรงเรียน
สนามกีฬา
โรงละคร
เต็นท์
หอคอย

85 - Paesi #2

ส	แ	ไ	ค	อ	า	เ	ม	◌็	ก	ซ	◌ิ	โ	ก
เ	อ	อ	ห	ไ	ล	บ	◌ี	เ	ร	◌ี	ย	ญ	า
พ	ล	ร	อ	◌ิ	น	โ	ด	น	◌ี	เ	ซ	◌ี	ย
เ	เ	◌์	ญ	ก	ป	ณ	ษ	ง	ซ	ฮ	จ	◌่	ช
อ	บ	แ	ะ	ผ	ล	า	ร	ญ	ไ	ต	า	ป	ก
ธ	เ	ล	ซ	ด	า	แ	ก	ถ	ร	◌ิ	ไ	◌ุ	ช
◌ิ	น	น	ด	◌ู	ว	า	อ	◌ี	◌ั	ย	ม	◌่	ซ
โ	◌ี	ด	ณ	ม	ด	ส	ไ	บ	ส	อ	ก	น	◌ี
อ	ย	◌์	ฉ	ถ	เ	า	ถ	ต	เ	ถ	◌้	แ	เ
เ	น	ป	า	ล	ศ	ะ	น	ท	ซ	ค	า	ผ	ร
ป	เ	ด	น	ม	า	ร	◌์	ก	◌ี	ฉ	ย	น	◌ี
◌ี	ย	◌ู	ก	◌ั	น	ด	า	ก	ย	ง	ป	า	ย
ย	◌ู	เ	ค	ร	น	ไ	น	จ	◌ี	เ	ร	◌ี	ย
จ	ฝ	ส	ษ	อ	ถ	ว	ย	ณ	ภ	ด	ผ	ฟ	ข

แอลเบเนีย
เดนมาร์ก
เอธิโอเปีย
จาไมก้า
ญี่ปุ่น
กรีซ
เฮติ
อินโดนีเซีย
ไอร์แลนด์
ลาว

ไลบีเรีย
เม็กซิโก
เนปาล
ไนจีเรีย
ปากีสถาน
รัสเซีย
ซีเรีย
ซูดาน
ยูเครน
ยูกันดา

86 - Tipi di Capelli

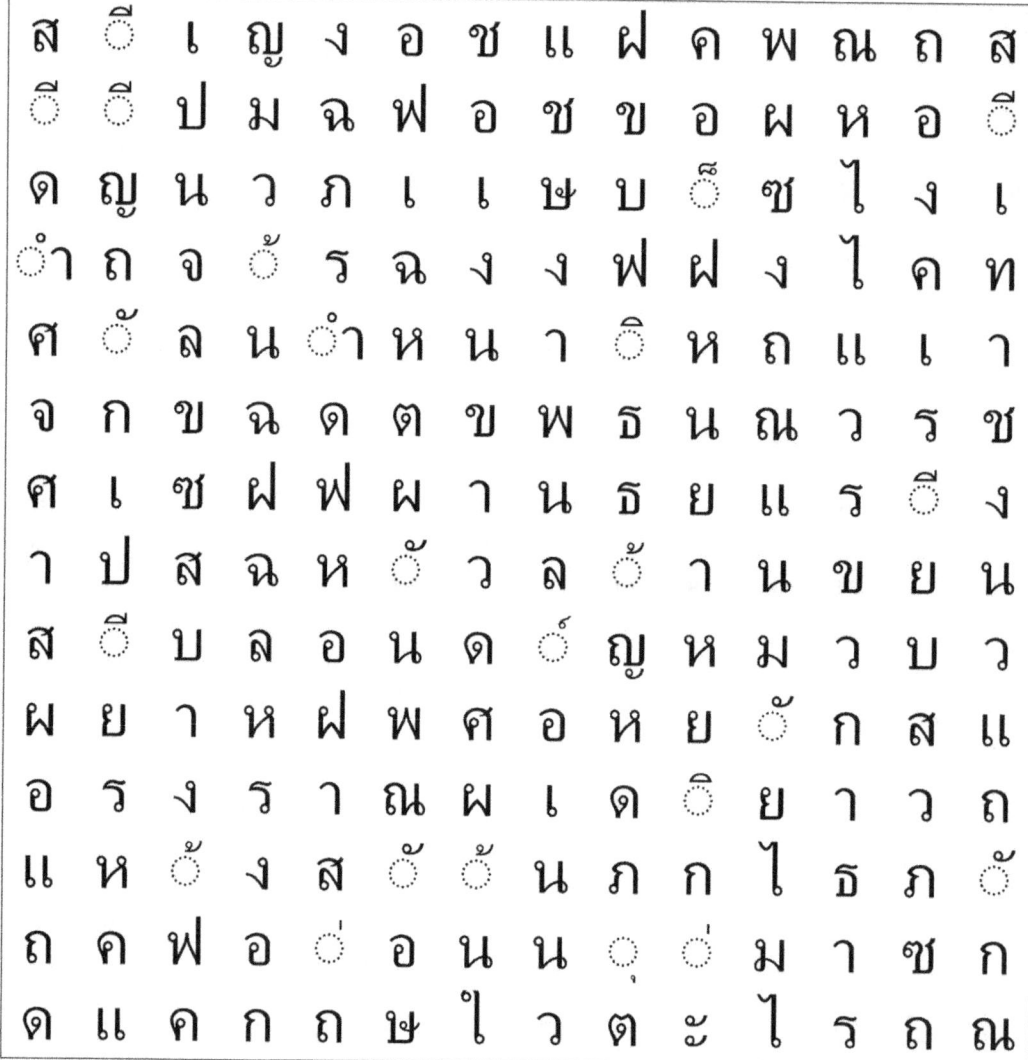

ส	◌ี	เ	ญ	ง	อ	ช	แ	ฝ	ค	พ	ณ	ถ	ส
◌ี	◌ี	ป	ม	ฉ	ฟ	อ	ช	ข	อ	ผ	ห	อ	◌ี
ด	ญ	น	ว	ภ	เ	เ	ษ	บ	◌็	ซ	ไ	ง	เ
◌ำ	ถ	จ	◌้	ร	ฉ	ง	ง	ฟ	ฝ	ง	ไ	ค	ท
ศ	◌ั	ล	น	◌ำ	ห	น	า	◌ิ	ห	ถ	แ	เ	า
จ	ก	ข	ฉ	ด	ต	ข	พ	ธ	น	ณ	ว	ร	ช
ศ	เ	ซ	ฝ	ฟ	ผ	า	น	ธ	ย	แ	ร	◌ี	ง
า	ป	ส	ฉ	ห	◌ั	ว	ล	◌้	า	น	ข	ย	น
ส	◌ี	บ	ล	อ	น	ด	◌์	ญ	ห	ม	ว	บ	ว
ผ	ย	า	ห	ฝ	พ	ศ	อ	ห	ย	◌ั	ก	ส	แ
อ	ร	ง	ร	า	ณ	ผ	เ	ด	◌ิ	ย	า	ว	ถ
แ	ห	◌้	ง	ส	◌ั	◌้	น	ภ	ก	ไ	ธ	ภ	◌ั
ถ	ค	ฟ	อ	◌่	อ	น	น	◌ุ	◌่	ม	า	ซ	ก
ด	แ	ค	ก	ถ	ษ	ไ	ว	ต	ะ	ไ	ร	ถ	ณ

เงิน
แห้ง
ขาว
สีบลอนด์
สั้น
หัวล้าน
สี
สีเทา
ถัก
เรียบ
ยาว
สีน้ำตาล
อ่อนนุ่ม
สีดำ
หยัก
หยิก
แข็งแรง
บาง
หนา
ถักเปีย

87 - Vestiti

ก	เ	ส	◌ื	◌้	อ	ะ	น	ผ	ส	พ	ศ	ก	ผ
ด	า	ส	ร	◌้	อ	ย	ค	อ	เ	จ	ฟ	ร	◌้
ค	เ	ง	◌ี	ภ	ส	ต	ช	ไ	ห	ซ	ผ	ะ	า
ช	ส	ซ	เ	◌้	ก	ถ	◌ุ	ง	ม	◌ื	อ	โ	ก
◌ุ	◌ื	ร	ษ	ก	อ	ภ	ด	ผ	ว	แ	ย	ป	◌ั
ด	◌้	อ	◌้	ต	ง	โ	ศ	ด	ก	ฟ	◌ี	ร	น
น	อ	ง	ช	อ	ฟ	เ	ค	ถ	ค	ช	น	ง	เ
อ	ค	เ	ท	ย	ย	ซ	ร	◌้	ท	◌ั	ส	ค	ป
น	ล	ท	ฝ	ม	เ	ข	ซ	ซ	ท	◌่	◌์	ไ	◌ี
แ	◌ุ	◌้	น	จ	ถ	เ	◌้	า	ศ	น	ไ	ห	◌้
ม	ม	า	ล	ะ	ไ	ร	ไ	อ	น	ฟ	ช	ถ	อ
เ	ข	◌็	ม	ข	◌ั	ด	ส	พ	ม	ญ	ล	ข	น
ร	อ	ง	เ	ท	◌้	า	แ	ต	ะ	◌ี	ล	ต	ห
ถ	◌ุ	ง	เ	ท	◌้	า	ต	ญ	ย	ก	อ	ะ	ข

ชุด
สร้อยข้อมือ
ถุงเท้า
เสื้อ
หมวก
เสื้อโค้ท
เข็มขัด
สร้อยคอ
กระโปรง
ผ้ากันเปื้อน
ถุงมือ
ยีนส์
เสื้อคลุม
แฟชั่น
กางเกง
ชุดนอน
รองเท้าแตะ
รองเท้า

88 - Attività e Tempo Libero

ษ	ว	ภ	ณ	ธ	ศ	ว	◌่	า	ย	น	◌้	◌ำ	ณ
จ	ด	ส	ง	า	น	อ	ด	◌ิ	เ	ร	ก	บ	ศ
ย	ผ	◌่	อ	น	ค	ล	า	ย	เ	ฝ	า	ม	ส
ท	◌่	อ	ง	แ	ป	เ	ร	ป	ด	แ	ร	ไ	บ
ต	ผ	ษ	ภ	ะ	น	ล	ณ	ค	◌ิ	น	ท	ธ	า
ซ	อ	า	า	ย	ผ	ย	ด	◌ำ	น	◌้	◌ำ	ธ	ส
ก	เ	า	พ	ล	เ	◌์	ณ	ต	ท	ล	ส	ญ	เ
ฟ	ช	ช	ว	ะ	ท	บ	เ	ฟ	า	ด	ว	ก	ก
ร	◌ุ	ถ	า	ด	น	อ	ม	บ	ง	า	น	อ	ต
น	ง	ต	ด	ม	น	ล	ญ	ว	ส	ง	เ	ล	บ
ม	ก	ฉ	บ	ศ	◌ิ	ล	ป	ะ	ย	บ	ล	◌์	อ
ส	ว	จ	ฝ	อ	ส	ต	ก	ป	ล	า	อ	ฟ	ล
บ	ศ	ว	ม	ณ	ล	ฟ	ฟ	ป	ค	ร	ฟ	ล	ญ
ณ	ข	แ	ส	ซ	ต	ไ	ม	ธ	ศ	ภ	ม	ช	ก

ศิลปะ
เบสบอล
บาสเกตบอล
มวย
ฟุตบอล
การทำสวน
กอล์ฟ
งานอดิเรก
ดำน้ำ
ว่ายน้ำ
วอลเลย์บอล
ตกปลา
ภาพวาด
ผ่อนคลาย
ท่อง
เทนนิส
เดินทาง

89 - Tecnologia

ภ	ส	ฝ	บ	ข	ด	ะ	ป	ด	ฟ	ะ	ห	ข	ถ
ข	ร	พ	ล	ั	ส	ิ	ข	พ	ค	ษ	น	ั้	ก
ค	ร	ษ	็	อ	ศ	ย	จ	ร	แ	ศ	้	อ	ช
แ	ว	ภ	อ	ม	า	ป	บ	ิ	ญ	ณ	า	ค	ณ
บ	ซ	า	ก	ู	ถ	ผ	ช	ป	ท	ย	จ	ว	ฝ
บ	ส	ร	ม	ล	ไ	บ	ก	ถ	ข	ั	อ	า	แ
อ	ง	ถ	จ	ป	ฟ	ถ	ม	อ	ผ	ส	ล	ม	ห
ั	ต	จ	ิ	ศ	ล	ง	ศ	ฝ	ว	ิ	จ	ั	ย
ก	ร	ข	ย	ต	์	อ	ไ	บ	ต	์	ไ	ภ	แ
ษ	บ	เ	ห	ห	ิ	ฝ	ด	เ	ส	ม	ื	อ	น
ร	ถ	ต	บ	ผ	พ	ถ	ว	ภ	ก	ล	้	อ	ง
ซ	อ	ฟ	ต	์	แ	ว	ร	์	ั	ย	า	พ	ถ
เ	ค	อ	ร	์	เ	ซ	อ	ร	์	ย	ด	ม	ล
เ	บ	ร	า	ว	์	เ	ซ	อ	ร	์	ง	ส	ห

บล็อก
เบราว์เซอร์
ไบต์
เคอร์เซอร์
ข้อมูล
ดิจิทัล
ไฟล์
แบบอักษร
ข้อความ
วิจัย
หน้าจอ
ความปลอดภัย
ซอฟต์แวร์
สถิติ
กล้อง
เสมือน

90 - Arte

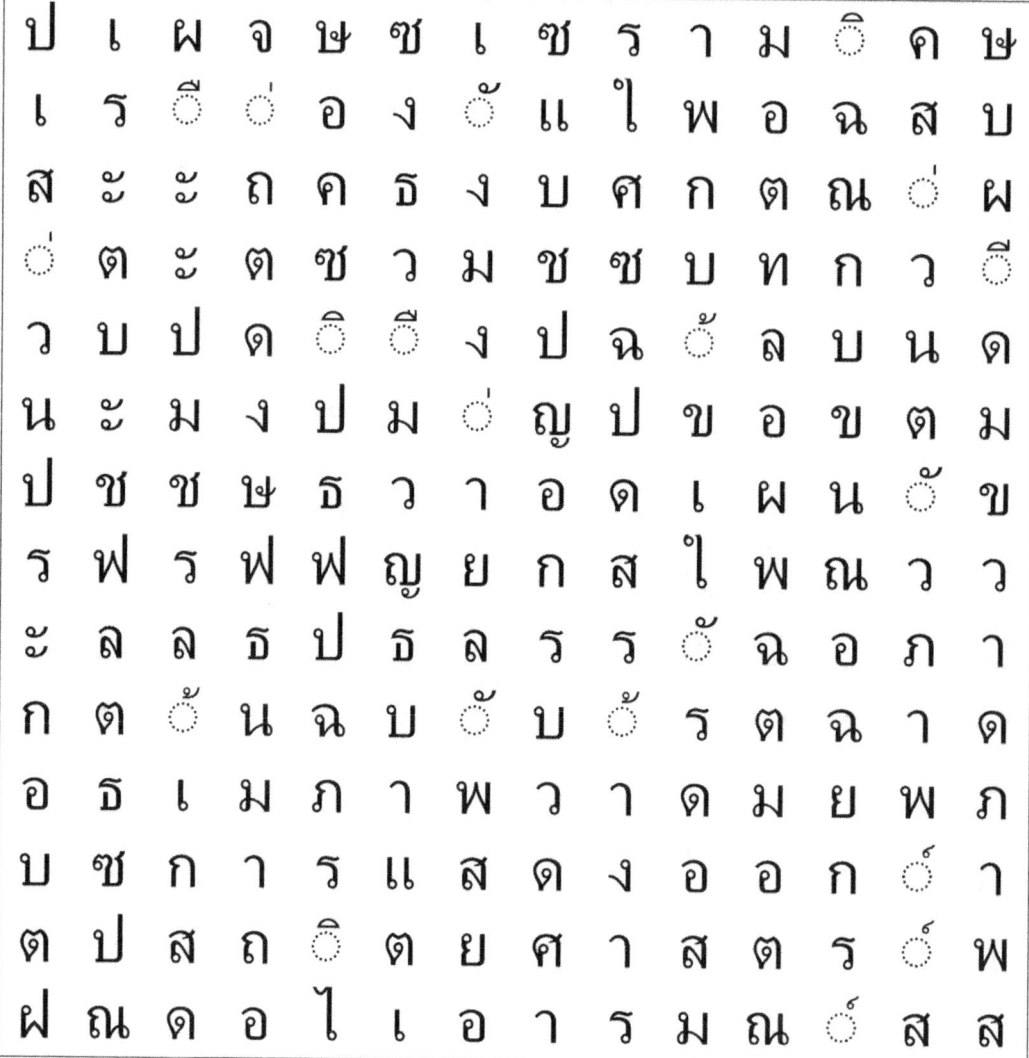

ป	เ	ผ	จ	ษ	ซ	เ	ซ	ร	า	ม	◌ิ	ค	ษ
เ	ร	◌ี	◌่	อ	ง	◌ั	แ	ไ	พ	อ	ฉ	ส	บ
ส	ะ	ะ	ถ	ค	ธ	ง	บ	ศ	ก	ต	ณ	◌่	ผ
◌่	ต	ะ	ต	ซ	ว	ม	ช	ซ	บ	ท	ก	ว	◌ี
ว	บ	ป	ด	◌ิ	◌ี	ง	ป	ฉ	◌้	ล	บ	น	ด
น	ะ	ม	ง	ป	ม	◌่	ญ	ป	ข	อ	ข	ต	ม
ป	ช	ช	ษ	ธ	ว	า	อ	ด	เ	ผ	น	◌ั	ข
ร	ฟ	ร	ฟ	ฟ	ญ	ย	ก	ส	ไ	พ	ณ	ว	ว
ะ	ล	ล	ธ	ป	ธ	ล	ร	ร	◌ั	ฉ	อ	ภ	า
ก	ต	◌้	น	ฉ	บ	◌ั	บ	◌้	ร	ต	ฉ	า	ด
อ	ธ	เ	ม	ภ	า	พ	ว	า	ด	ม	ย	พ	ภ
บ	ซ	ก	า	ร	แ	ส	ด	ง	อ	อ	ก	◌์	า
ต	ป	ส	ถ	◌ิ	ต	ย	ศ	า	ส	ต	ร	◌์	พ
ฝ	ณ	ด	อ	ไ	เ	อ	า	ร	ม	ณ	◌์	ส	ส

เซรามิค
ซับซ้อน
ส่วนประกอบ
สร้าง
ภาพวาด
การแสดงออก
ซื่อสัตย์
ต้นฉบับ
ส่วนตัว
บทกวี
วาดภาพ
ประติมากรรม
ง่าย
เรื่อง
สถิตยศาสตร์
อารมณ์
ภาพ

91 - Meteo

ส	า	ย	ร	◌ุ	◌้	ง	พ	บ	น	เ	พ	ธ	พ
ซ	อ	แ	ห	◌้	ง	ข	า	ร	ล	ข	า	ร	า
บ	ม	◌ุ	น	จ	แ	ไ	ย	ร	เ	ต	ย	ฟ	ย
ภ	ร	ค	ณ	ต	ป	พ	◌ุ	ย	ฟ	ร	◌ุ	◌้	◌ุ
แ	ส	◌ี	ล	ห	ย	ไ	พ	า	◌้	◌้	ท	า	เ
ค	◌ุ	พ	ซ	า	ภ	ย	า	ก	า	อ	อ	ผ	ฮ
ห	ม	อ	ก	ศ	ว	◌ู	ก	า	ร	น	ร	◌่	อ
โ	พ	ล	า	ร	◌์	ด	ม	ศ	◌้	◌้	◌์	า	ร
แ	ล	◌้	ง	ล	ม	ร	◌์	◌ิ	อ	◌ำ	น	ศ	◌ิ
ล	ฟ	ต	ต	ห	ฟ	ไ	ส	ถ	ง	แ	า	ค	เ
ส	ภ	า	พ	อ	า	ก	า	ศ	ส	ข	โ	ไ	ค
ท	◌้	อ	ง	ฟ	◌้	า	ะ	ถ	ถ	◌็	ด	เ	น
ร	ค	ฝ	ฉ	ซ	ห	ษ	ซ	ภ	ง	ง	ฝ	ห	ผ
บ	ช	ว	น	ด	ณ	ซ	ผ	ท	ซ	ช	ฉ	ด	ร

สายรุ้ง
แห้ง
บรรยากาศ
บรีซ
ท้องฟ้า
สภาพอากาศ
ฟ้าผ่า
น้ำแข็ง
มรสุม
หมอก
คลาวด์
โพลาร์
แล้ง
อุณหภูมิ
พายุ
พายุทอร์นาโด
เขตร้อน
ฟ้าร้อง
พายุเฮอริเคน
ลม

92 - Corpo Umano

เ	ข	◌่	า	ม	ห	ข	อ	ะ	ญ	ส	เ	ภ	ส
ต	บ	ค	า	ง	ค	า	◌้	ต	เ	ฟ	ล	ม	พ
ค	ว	น	ต	ป	ฟ	ธ	ล	อ	บ	ล	◌ี	ด	ะ
ง	บ	บ	ธ	า	ไ	ป	ถ	ว	เ	ง	อ	ม	ผ
า	ค	ห	ส	ก	ห	◌ั	ว	ม	ไ	ท	ด	ค	แ
ไ	บ	ณ	ไ	จ	ล	ษ	า	ต	ห	ย	◌้	อ	ฟ
ส	ไ	ข	บ	ซ	◌่	จ	ห	แ	น	แ	น	า	ญ
ท	ม	บ	ท	ห	ไ	ม	ถ	ข	◌้	อ	ศ	อ	ก
◌้	◌ี	อ	ญ	◌ั	ก	◌ู	บ	ล	า	ล	ธ	ไ	ฟ
อ	อ	ผ	ง	ว	ต	ก	ซ	ฉ	ภ	ษ	ญ	ป	ธ
ง	ท	ถ	ถ	ไ	ษ	ณ	ด	ล	ส	ฝ	จ	ช	ง
ง	ช	ห	ผ	จ	พ	น	ป	ก	ช	น	ล	ฉ	ท
ร	ก	◌ุ	◌ิ	ช	ม	ส	อ	ฝ	อ	เ	แ	ญ	า
น	◌ิ	◌้	ว	ฉ	ธ	ฟ	ธ	อ	อ	ญ	ร	ณ	ผ

ปาก
ข้อเท้า
สมอง
คอ
หัวใจ
นิ้ว
หน้า
ขา
เข่า
ข้อศอก

มือ
คาง
จมูก
ตา
หู
ผิว
เลือด
ไหล่
ท้อง
หัว

93 - Mammiferi

ซ	ย	ร	ม	ซ	ไ	ผ	ค	ล	ส	ณ	ม	จ	ม
ล	น	ไ	ซ	ก	ญ	ผ	ฝ	ป	ห	◌ิ	พ	◌ิ	ก
บ	อ	ฝ	ศ	ศ	ภ	ไ	อ	ล	ง	ก	ง	ง	ร
อ	ธ	ป	ญ	ด	ฉ	ห	ม	า	ป	◌่	า	โ	ะ
แ	ถ	ผ	พ	ซ	แ	ม	ว	โ	ร	ว	า	จ	ต
ก	อ	ร	◌ิ	ล	ล	า	ไ	ล	ไ	ถ	ญ	◌้	◌่
ะ	ส	ย	ว	ญ	◌ิ	พ	ร	ม	ฝ	ถ	ฉ	ม	า
ผ	โ	ค	า	ษ	ง	ช	ท	า	ห	ช	ร	◌้	ย
ถ	ฟ	ค	ฟ	ก	ษ	ร	ษ	ศ	ม	◌้	า	า	แ
ภ	ไ	◌็	โ	แ	ฝ	ธ	ด	บ	◌ี	า	ถ	ล	ซ
ม	ะ	ไ	อ	ย	◌ี	ร	า	ฟ	ช	ง	บ	า	ร
ษ	น	ล	น	ก	ต	ก	ว	า	ง	พ	ถ	ย	จ
ห	แ	ษ	า	ถ	ซ	◌ี	พ	ร	บ	เ	ะ	ค	ท
า	ณ	ส	ถ	พ	ล	◌์	◌้	ย	ก	พ	ภ	ห	ห

วาฬ
หมา
จิงโจ้
ม้า
กวาง
กระต่าย
โคโยตี้
ปลาโลมา
ช้าง
แมว
ยีราฟ
กอริลลา
สิงโต
หมาป่า
หมี
แกะ
ลิง
โค
ฟ็อกซ์
ม้าลาย

94 - Arrampicata

ร	ป	ค	ว	า	ม	ท	◌้	า	ท	า	ย	จ	ห
ะ	ฟ	ล	ว	บ	บ	ร	ร	ย	า	ก	า	ศ	ม
ด	ฟ	ด	ถ	ไ	น	ฉ	แ	บ	ง	ก	ถ	ษ	ว
◌ั	ถ	◌ุ	ง	ม	◌ี	อ	ผ	ต	ก	า	พ	ค	ก
บ	ย	◌้	ศ	ฝ	ฝ	ไ	น	ย	า	ร	ไ	ว	น
ค	จ	ย	◌ำ	ะ	ด	ผ	ท	บ	ย	อ	บ	า	◌ิ
ว	ด	ก	เ	า	ส	ว	◌ี	บ	ภ	บ	อ	ม	ร
า	ข	ธ	ฟ	ห	ต	ช	◌่	ก	า	ร	ข	ม	ภ
ม	บ	า	ด	เ	จ	◌็	บ	แ	พ	ม	จ	◌ั	◌ั
ส	ค	ว	า	ม	อ	ย	า	ก	ร	◌ู	◌้	◌่	ย
◌ู	เ	ศ	ต	แ	ว	ณ	ท	ภ	ต	ง	ณ	น	อ
ง	ร	อ	ง	เ	ท	◌้	า	บ	◌ู	ท	แ	ค	บ
ผ	◌ู	◌้	เ	ช	◌ี	◌่	ย	ว	ช	า	ญ	ง	ฉ
ค	◌ำ	แ	น	ะ	น	◌ำ	ณ	ค	ธ	ไ	แ	ย	ไ

ระดับความสูง
บรรยากาศ
หมวกนิรภัย
ความอยากรู้
ผู้เชี่ยวชาญ
ทางกายภาพ
การอบรม
แรง
ถ้ำ
ถุงมือ
คำแนะนำ
บาดเจ็บ
แผนที่
ความท้าทาย
ความมั่นคง
รองเท้าบูท
แคบ

95 - Animali Domestici

ส	ก	ม	ย	ฝ	ว	◌ั	ว	ห	ม	า	ค	ธ	จ
ม	า	บ	ถ	ญ	ผ	บ	แ	ม	ย	ห	ญ	ห	ฟ
า	ง	ย	ซ	ศ	พ	ไ	น	ก	ม	ป	ฉ	ป	ล
ษ	ฉ	ก	จ	ษ	บ	า	ศ	บ	ด	ผ	ย	ข	พ
ข	ท	า	ฝ	◌ู	ะ	ะ	ศ	ผ	ซ	แ	ช	ล	ป
แ	ม	ว	เ	ช	ง	ป	ง	พ	น	ฮ	ผ	◌ู	ส
จ	ธ	ไ	ผ	ต	ษ	ล	◌ู	ก	ห	ม	า	ก	◌ั
ก	◌ิ	◌้	ง	ก	◌่	า	อ	ธ	เ	ส	ร	แ	ต
ไ	เ	ภ	ใ	ร	ถ	า	ว	พ	ไ	เ	ก	ม	ว
ห	น	◌ู	แ	อ	ช	บ	น	◌้	◌ำ	ต	ะ	ว	แ
า	ศ	ม	พ	น	ก	แ	ก	◌้	ว	อ	ษ	พ	พ
ง	ว	ร	ะ	อ	า	ห	า	ร	ง	ร	ไ	ร	ท
ก	ร	ะ	ต	◌่	า	ย	ธ	ด	ผ	◌์	ผ	ค	ย
ฉ	ะ	น	ข	เ	อ	◌ุ	◌้	ง	เ	ท	◌้	า	◌์

น้ำ
หมา
แพะ
อาหาร
หาง
กระต่าย
แฮมสเตอร์
ลูกหมา
ลูกแมว
แมว
สายจูง
กิ้งก่า
วัว
นกแก้ว
ปลา
เต่า
หนู
สัตวแพทย์
อุ้งเท้า

96 - Cucina

อ	ต	ะ	ษ	ช	ท	ช	อ	า	ผ	แ	อ	ส	ฟ
เ	ู	ะ	ฟ	ง	ั	้	น	ว	้	น	า	ู	ย
ค	้	จ	เ	เ	พ	อ	ป	ภ	า	ง	ห	ต	ฉ
ร	เ	ท	ห	ก	พ	น	ด	ด	ก	ะ	า	ร	เ
ี	ย	ล	ย	า	ี	แ	พ	ภ	ั	ท	ร	อ	พ
่	็	ผ	ี	ต	ซ	ย	ก	ศ	น	ง	ว	า	ะ
อ	น	ก	อ	้	ม	อ	บ	ร	เ	ล	ญ	ห	อ
ง	ษ	ธ	ก	ม	ส	น	ต	ก	ป	ร	ข	า	ผ
เ	ฟ	อ	ง	น	้	ำ	ช	ิ	ี	น	จ	ร	ซ
ท	ต	ด	แ	้	อ	ห	า	น	้	ย	่	า	ง
ศ	ย	า	ธ	ำ	ม	ป	ม	ท	อ	ง	อ	ใ	ย
ซ	น	เ	อ	ไ	ี	ผ	ล	ภ	น	แ	ไ	ศ	น
ษ	ท	ส	ศ	บ	ด	ฟ	ซ	ไ	ณ	ห	ต	เ	ะ
บ	ร	ข	ป	ก	ณ	ญ	ฉ	ถ	้	ว	ย	จ	ล

ตะเกียบ
กาต้มน้ำ
เหยือก
อาหาร
ชาม
มีด
ช้อน
ส้อม
เตาอบ

ตู้เย็น
ผ้ากันเปื้อน
ย่าง
กิน
ทัพพี
สูตรอาหาร
เครื่องเทศ
ฟองน้ำ
ถ้วย

97 - Vacanze #2

ช	อ	ศ	ม	น	ถ	ต	แ	แ	ผ	น	ท	◌ี	◌่
ศ	า	ช	ข	ส	ภ	ญ	ท	ะ	เ	ล	ป	ต	ไ
เ	ถ	ว	ล	ว	◌ู	ศ	◌็	ส	เ	โ	ช	พ	ป
ก	ว	ส	ต	ซ	เ	ถ	ก	ภ	ต	ร	ถ	ไ	ฟ
า	ก	ล	ค	◌่	ข	จ	ซ	า	◌็	ง	ท	ส	ร
ะ	บ	า	า	ซ	า	อ	◌ี	พ	น	แ	ช	น	◌้
ค	ภ	อ	ร	ว	ป	ง	◌่	ถ	ท	ร	า	า	า
ฟ	ด	ณ	บ	เ	◌่	ซ	ช	◌่	◌์	ม	ย	ม	น
ว	◌ี	ซ	◌่	า	ด	า	ย	า	ก	ด	ห	บ	อ
ฝ	ข	ศ	ล	ถ	ง	◌ิ	ง	ย	ต	ด	า	◌ิ	า
ป	ล	า	ย	ท	า	ง	น	บ	พ	◌ิ	ด	น	ห
ว	◌ั	น	ห	ย	◌ุ	ด	ข	ท	ช	เ	ถ	ไ	า
ก	า	ร	ข	น	ส	◌่	ง	ป	า	ญ	ช	ผ	ร
ท	ธ	ด	ถ	ล	ช	ไ	ธ	ย	ง	ง	พ	ภ	ซ

สนามบิน
ปลายทาง
ภาพถ่าย
โรงแรม
เกาะ
แผนที่
ทะเล
ภูเขา
จอง
ร้านอาหาร
ชายหาด
ชาวต่างชาติ
แท็กซี่
เวลาว่าง
เต็นท์
การขนส่ง
รถไฟ
วันหยุด
การเดินทาง
วีซ่า

98 - Attività

ป	ว	ด	ร	ฉ	ธ	ก	ง	ต	ถ	ก	เ	ญ	ก
ข	ร	ช	ย	ข	ด	◌ิ	า	ไ	ก	ไ	ก	ค	า
เ	ผ	◌ิ	ถ	ะ	ว	จ	น	ร	ญ	ป	ม	จ	ร
ซ	◌่	เ	ศ	บ	บ	ก	ฝ	ถ	ท	ภ	ล	ภ	เ
ร	อ	ว	ม	น	ก	ร	◌ี	ธ	◌ั	◌ำ	ร	า	ย
า	น	ล	น	น	า	ร	ม	ภ	ก	เ	ส	พ	◌็
ม	ค	า	ศ	พ	ร	ม	◌ี	บ	ษ	ว	อ	ว	บ
◌ิ	ล	ว	◌ิ	ภ	ถ	า	อ	ช	ะ	ซ	ง	า	น
ก	า	◌่	ล	ฝ	◌่	ย	◌ิ	น	ด	◌ี	แ	ด	ส
ญ	ย	า	ป	ไ	า	า	ก	า	ร	อ	◌่	า	น
ช	ศ	ง	ะ	ซ	ย	ก	ผ	ณ	ด	ถ	ะ	ะ	า
า	ะ	ณ	ว	ซ	ภ	ล	◌่	า	ส	◌ั	ต	ว	◌์
ญ	ถ	ณ	ภ	เ	า	ง	ศ	ฉ	ห	ก	จ	ง	ข
บ	ข	ฝ	ย	ณ	พ	ซ	ช	บ	ฟ	ด	ษ	ล	ล

ทักษะ
ศิลปะ
งานฝีมือ
กิจกรรม
ล่าสัตว์
เซรามิก
การเย็บ
การถ่ายภาพ
การทำสวน
เกม
การอ่าน
มายากล
ถัก
ตกปลา
ยินดี
ภาพวาด
ปริศนา
ผ่อนคลาย
เวลาว่าง

99 - Forniture Artistiche

ไ	อ	เ	ด	ี	ย	ด	ข	บ	ศ	ห	ม	ื	ก
แ	บ	ภ	อ	พ	า	ส	ิ	า	ต	เ	ง	ะ	ร
ณ	ง	แ	ป	ร	ง	ฝ	ษ	น	ต	เ	แ	ล	ะ
ไ	ส	จ	ฝ	ก	ล	้	อ	ง	ส	ั	บ	ไ	ด
ง	พ	เ	ษ	น	บ	ข	ร	ภ	ี	อ	้	ค	า
ญ	ง	ช	ป	ษ	ซ	ถ	อ	พ	น	ะ	ญ	ง	ษ
ไ	ผ	ะ	ต	ด	โ	ค	ษ	ศ	้	ข	ม	ฝ	ว
ธ	ไ	ญ	ม	ต	ต	น	้	ำ	ำ	ย	แ	ผ	ค
ถ	ค	ฟ	า	แ	๊	น	้	ำ	ม	ั	น	ญ	ร
ล	่	ค	ธ	อ	ะ	ค	ร	ิ	ล	ิ	ค	แ	ล
ไ	ก	า	เ	ก	้	า	อ	ี	้	ช	ด	ส	ไ
ฟ	า	ร	น	เ	ค	ล	ย	์	ส	ป	ษ	พ	แ
จ	ว	ย	ด	ไ	ฝ	ช	ป	ป	ี	ษ	ข	ร	ษ
ผ	ฉ	ว	น	ษ	ม	ศ	ซ	ไ	ธ	ห	ห	ป	ป

น้ำ
สีน้ำ
อะคริลิค
เคลย์
ถ่าน
กระดาษ
ขาตั้ง
กาว
สี
ยางลบ
ไอเดีย
หมึก
ดินสอ
น้ำมัน
พาส
เก้าอี้
แปรง
โต๊ะ
กล้อง

100 - Misurazioni

ล	อ	น	ค	ก	า	แ	ต	ก	ล	ง	ค	แ	ฝ
◌ิ	ห	◌้	ว	เ	ร	ร	◌ั	ท	อ	ซ	ว	แ	ซ
ต	น	◌ำ	า	ม	อ	◌ั	น	จ	อ	ร	า	บ	ม
ร	เ	ห	ม	ว	ไ	ล	ม	ศ	น	บ	ม	ต	ษ
ณ	ซ	น	ย	ล	ญ	ซ	เ	ย	ซ	ต	ส	ล	ค
ไ	น	◌ั	า	ม	ส	ถ	ต	ม	◌์	ศ	◌ู	ค	ว
ท	ต	ก	ว	ไ	น	เ	ม	ต	ร	อ	ง	ศ	า
ศ	◌ิ	◌ิ	ไ	อ	ไ	า	ม	ซ	ช	ญ	ฉ	เ	ม
น	เ	โ	ไ	น	ซ	ฟ	ท	ญ	บ	น	ณ	ไ	ก
◌ิ	ม	ล	ท	น	ป	ต	ผ	◌ี	ก	ส	ก	บ	ว
ย	ต	ก	ก	◌ิ	โ	ล	เ	ม	ต	ร	ไ	ต	◌้
ม	ร	ร	า	◌้	ป	ฟ	ษ	ภ	ห	ฝ	ณ	◌์	า
ด	ช	◌ั	ค	ว	า	ม	ล	◌ึ	ก	ร	ป	อ	ง
ว	ม	ม	ร	ะ	ด	◌ั	บ	เ	ส	◌ี	ย	ง	ก

ความสูง
ไบต์
เซนติเมตร
กิโลกรัม
กิโลเมตร
ทศนิยม
องศา
กรัม
ความกว้าง
ลิตร
ความยาว
มวล
เมตร
นาที
ออนซ์
น้ำหนัก
นิ้ว
ความลึก
ตัน
ระดับเสียง

1 - Scacchi

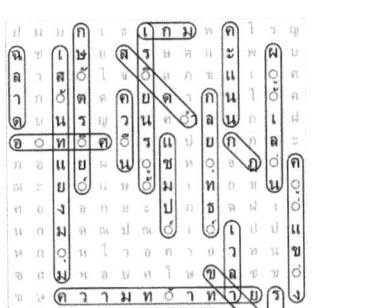

2 - Strumenti

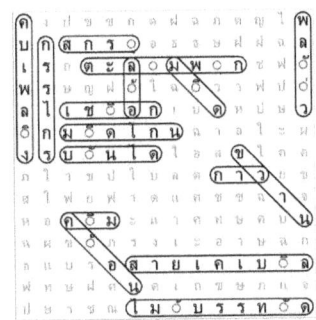

3 - Aggettivi #2

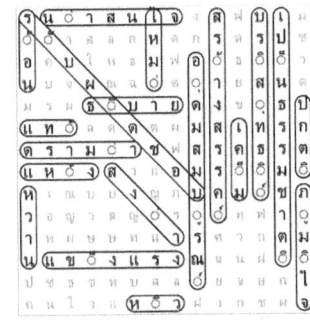

4 - Mobili

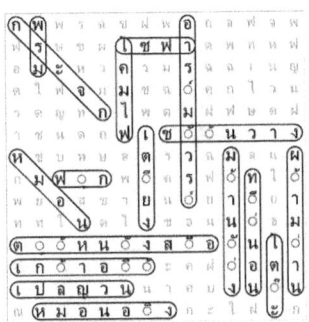

5 - Pesca

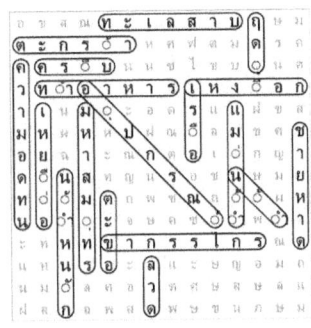

6 - Aggettivi #1

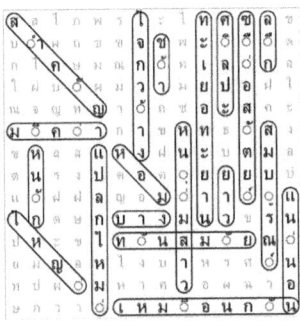

7 - Geologia

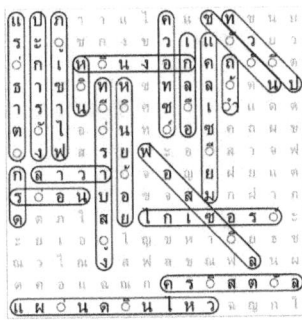

8 - Campeggio

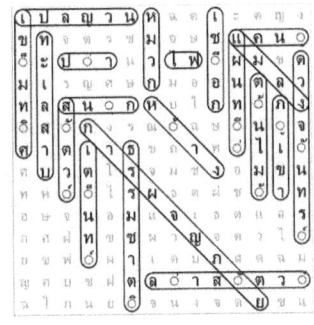

9 - Arti Visive

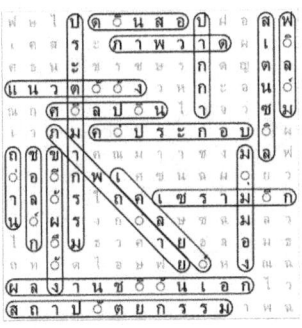

10 - Esplorazione

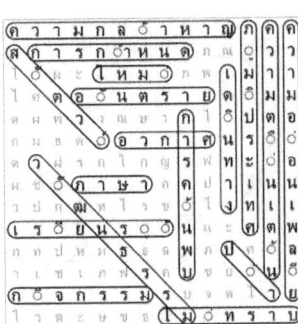

11 - Tempo

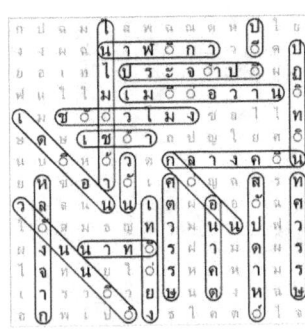

12 - Autunno

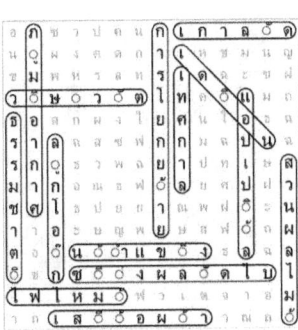

13 - Astronomia

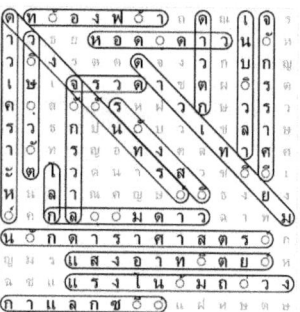

14 - Circo

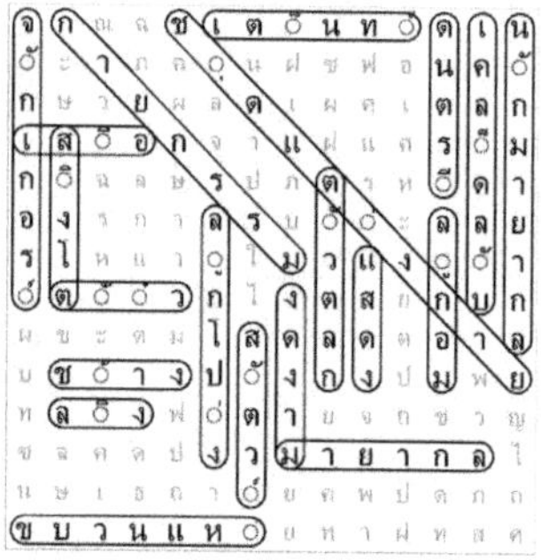

15 - Mitologia

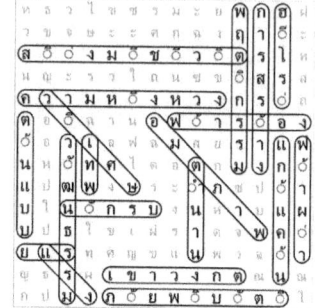

16 - Piante

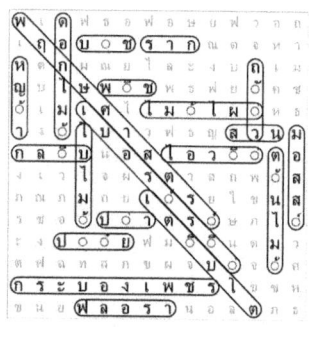

17 - Spezie

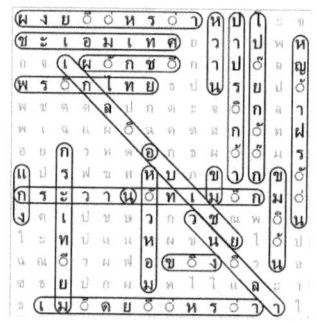

18 - Numeri

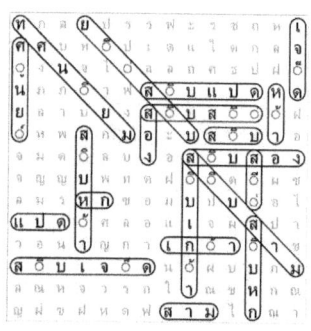

19 - Cioccolato

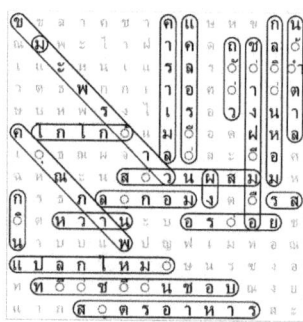

20 - Guida

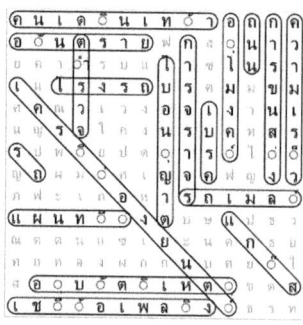

21 - Sport

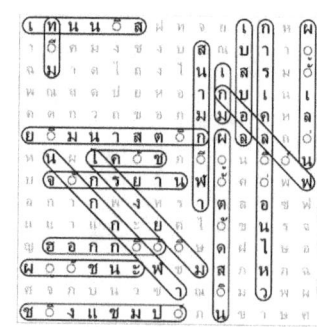

22 - Giocattoli

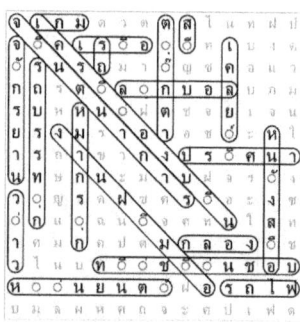

23 - Uccelli

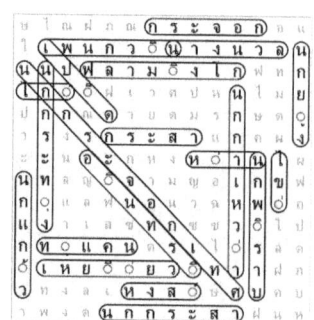

24 - Giorni e Mesi

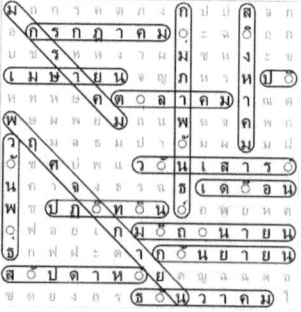

25 - Casa

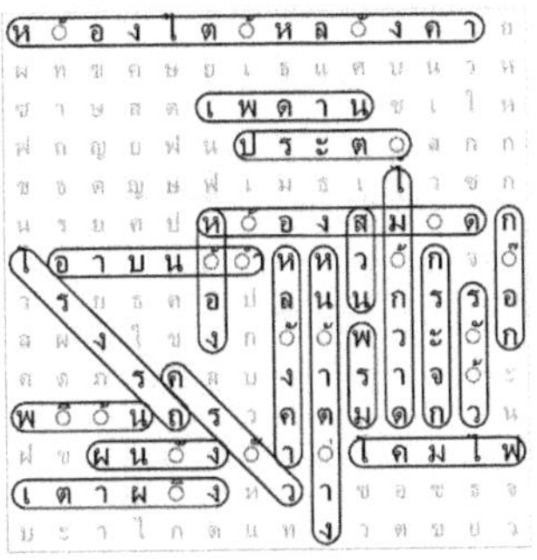

26 - Ristorante #1

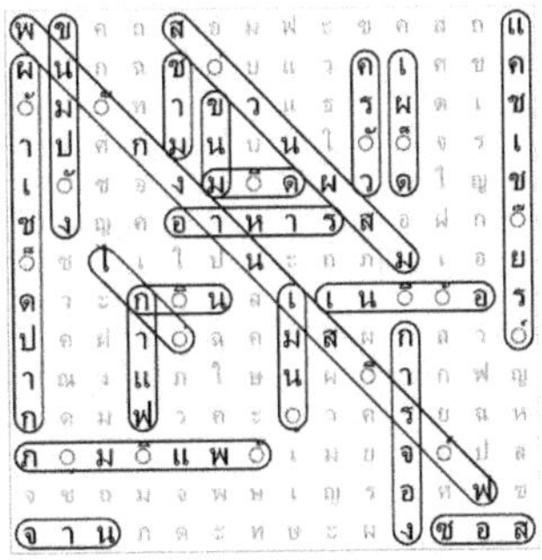

27 - Fantascienza

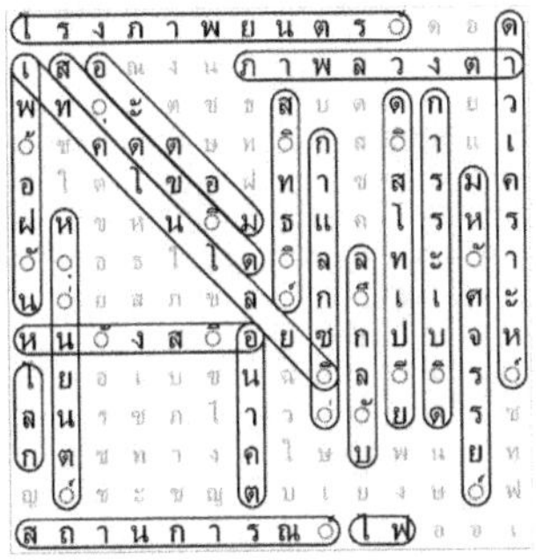

28 - Città

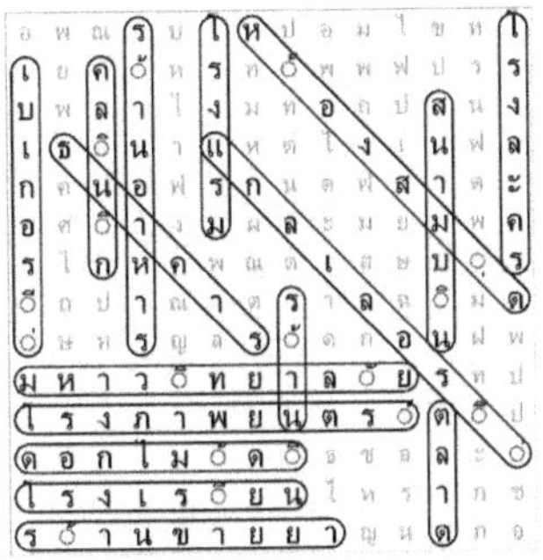

29 - Compleanno

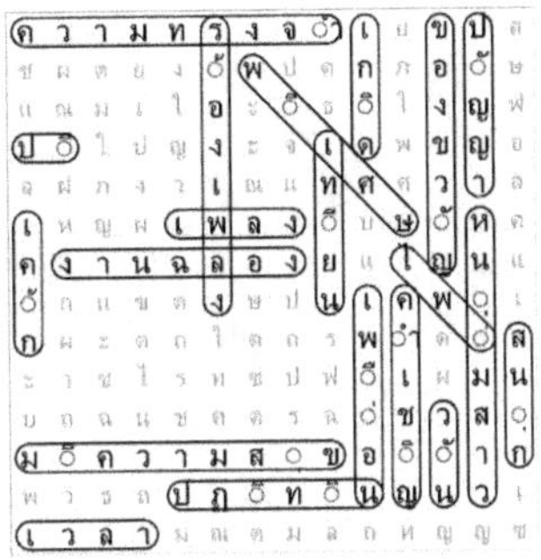

30 - Fattoria #1

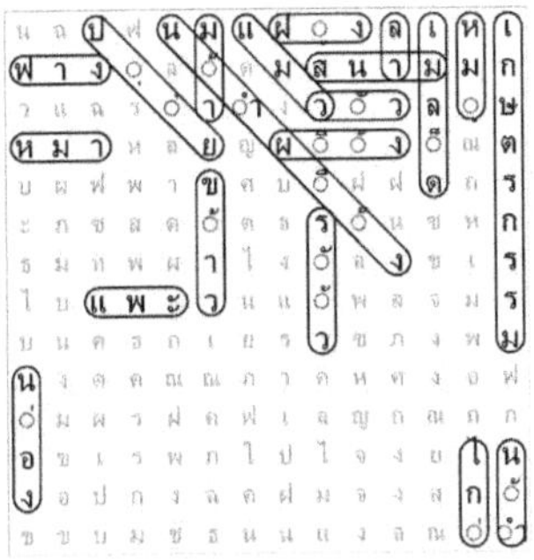

31 - Paesaggi

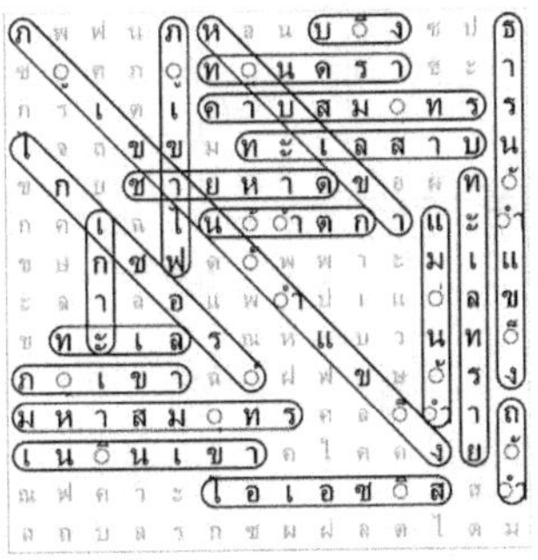

32 - Ristorante #2

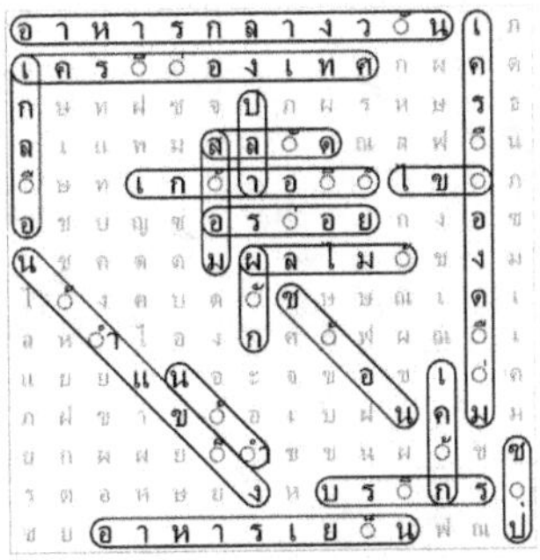

33 - Giardino

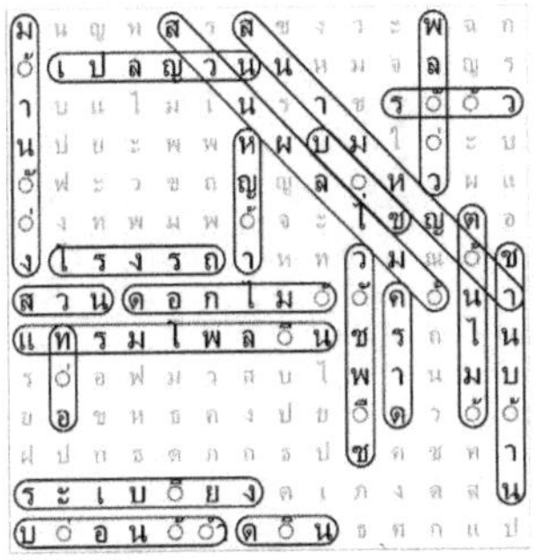

34 - Frutta

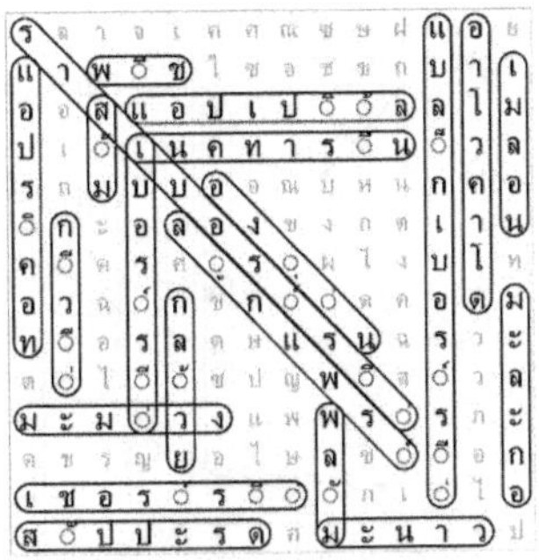

35 - Fattoria #2

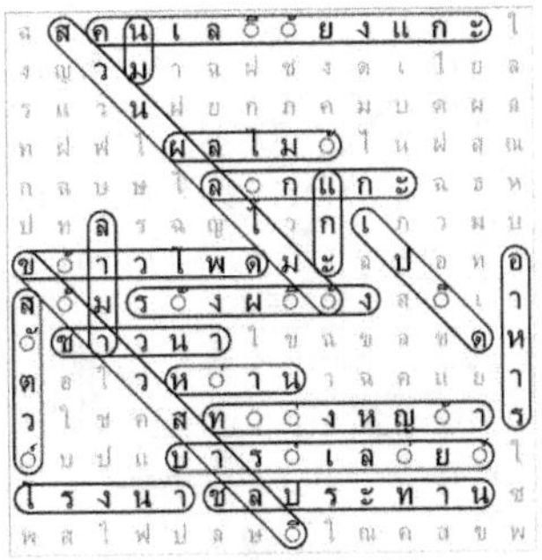

36 - Dinosauri

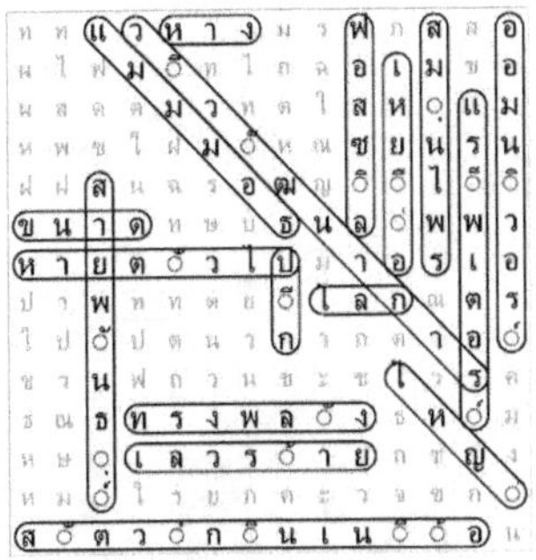

37 - Verdure

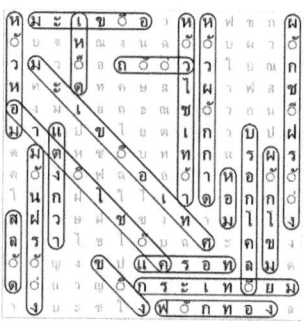

38 - Scuola #2

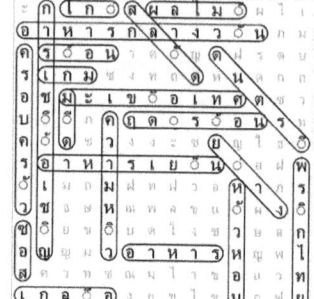

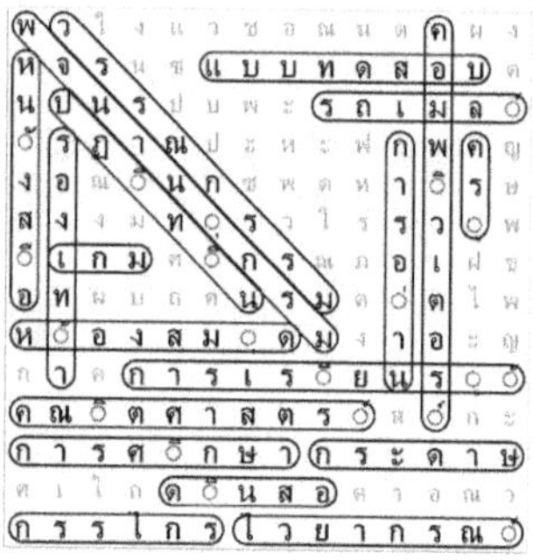

39 - Barbecue

40 - Riempire

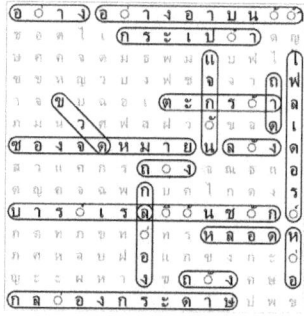

41 - Insetti

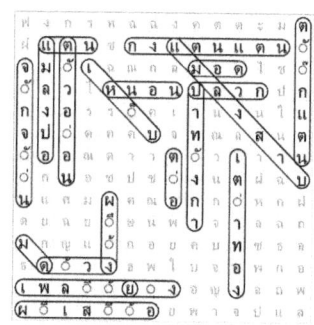

42 - Erboristeria

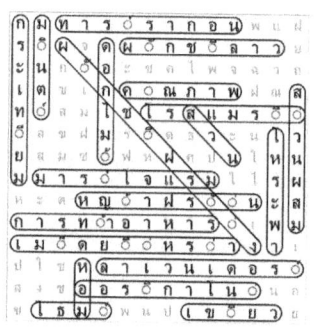

43 - Danza

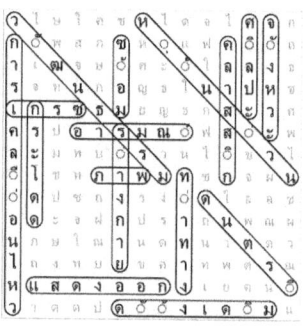

44 - Commedia

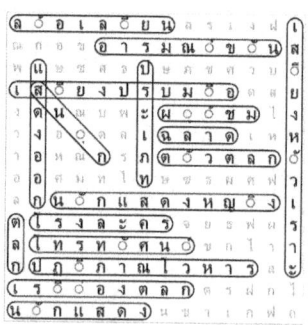

45 - Scuola #1

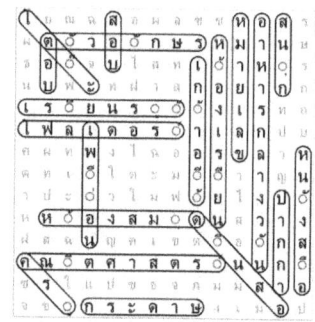

46 - Fiori

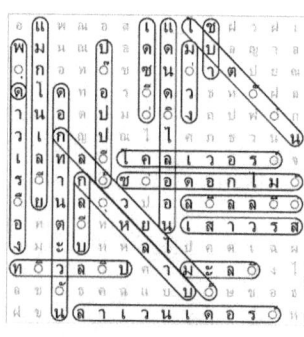

47 - Ecologia

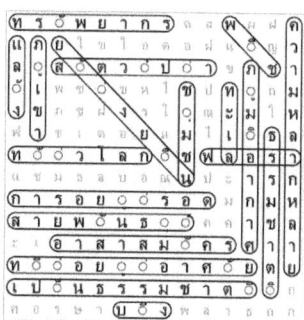

48 - Discipline Scientifiche

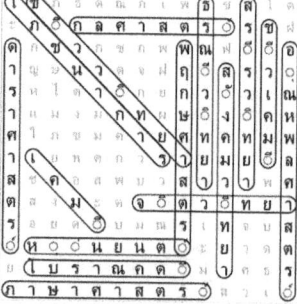

49 - Scienza

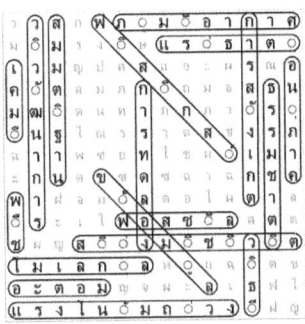

50 - Acqua

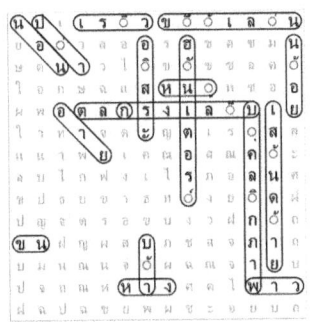

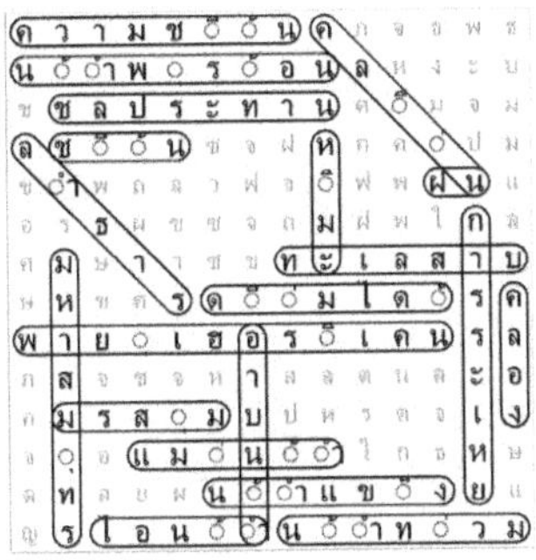

51 - Gatti

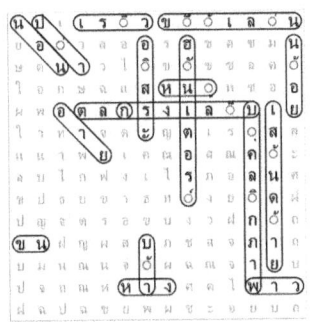

52 - Surf

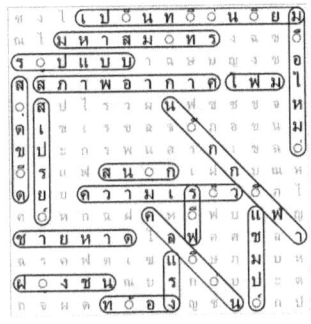

53 - Imbarcazioni

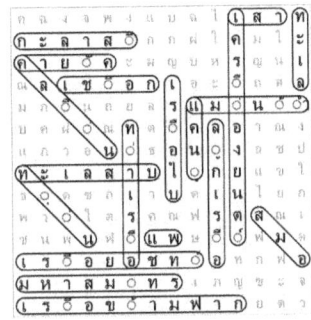

54 - Api

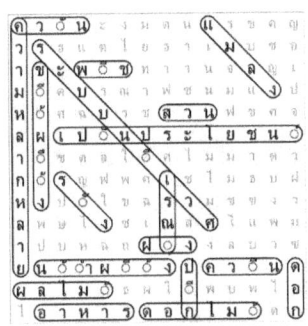

55 - Conservazione

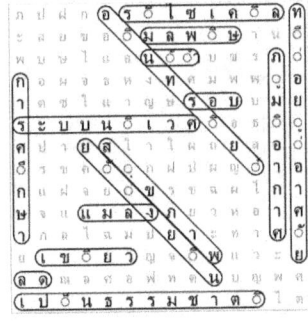

56 - Strumenti Musicali

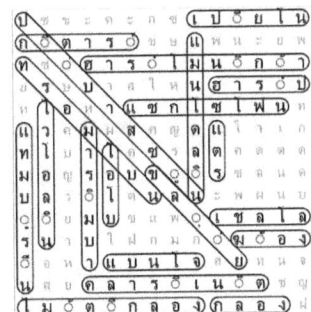

57 - Professioni #2

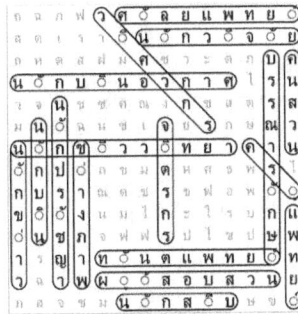

58 - Letteratura

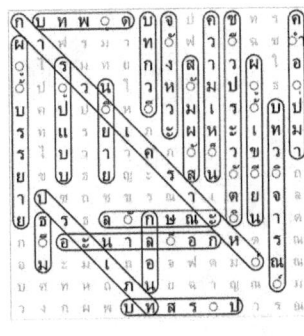

59 - Cibo #2

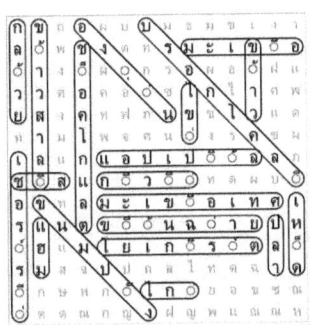

60 - Nutrizione

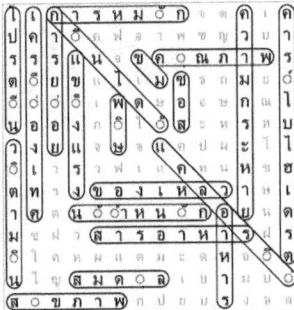

61 - Matematica

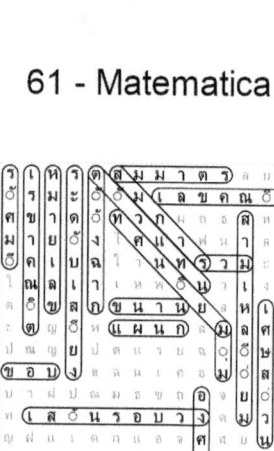

62 - Meditazione

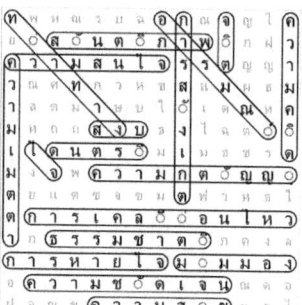

63 - Estate

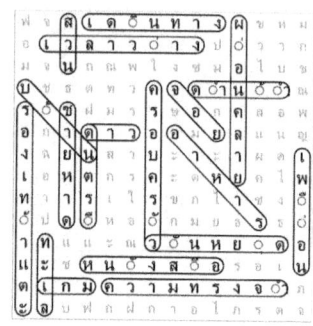

64 - Escursionismo

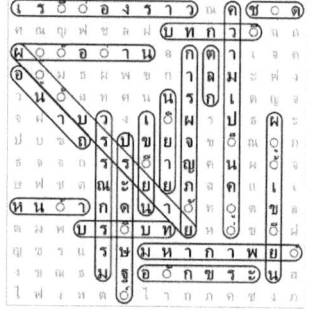

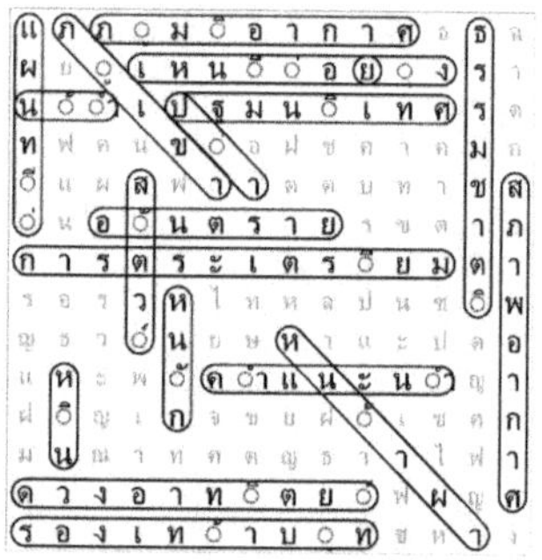

65 - Professioni #1

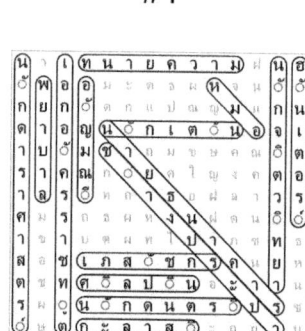

66 - Antartide

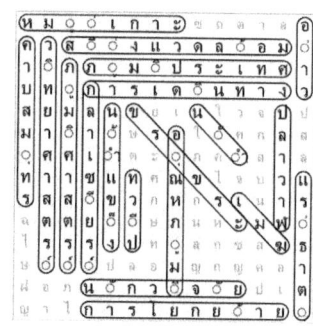

67 - Libri

68 - Geografia

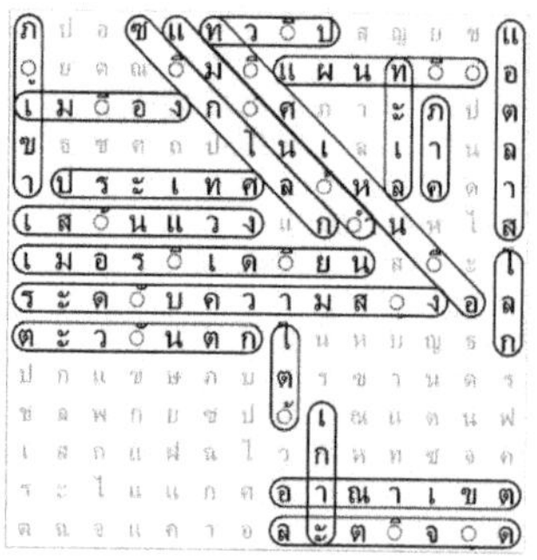

69 - Cibo #1

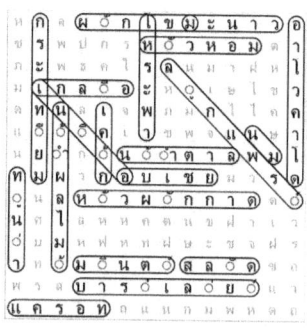

70 - Aeroplani

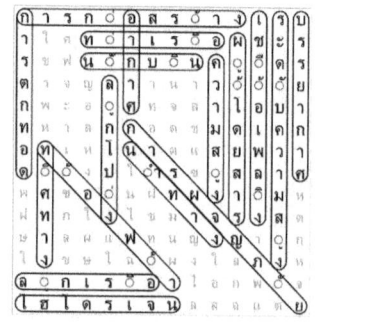

71 - Pirati

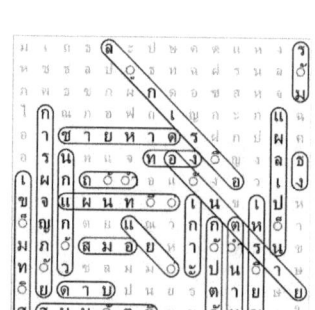
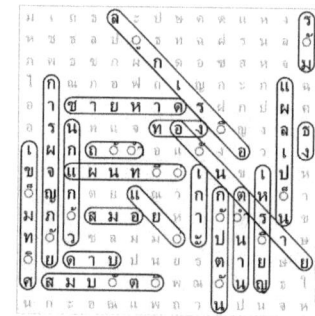

72 - Colori

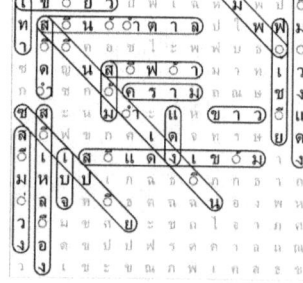

73 - Spiaggia

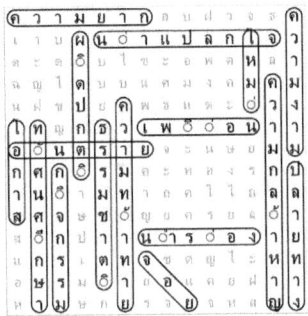

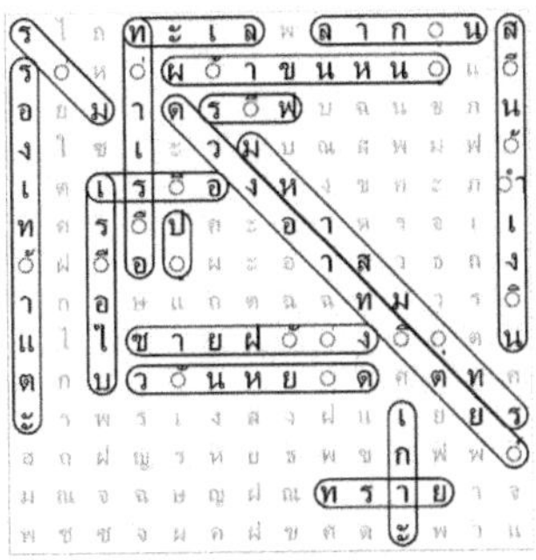

74 - Avventura

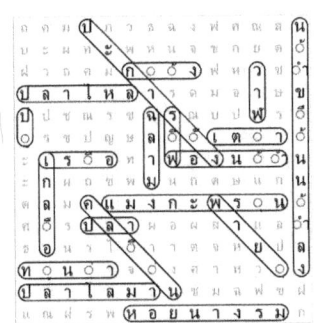

75 - Oceano

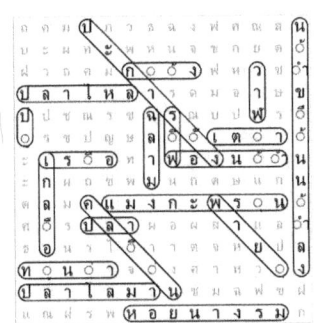

76 - Famiglia

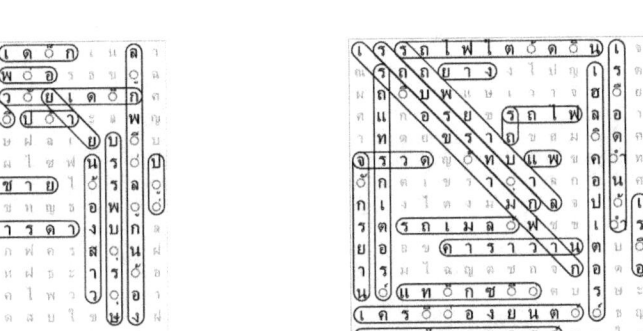

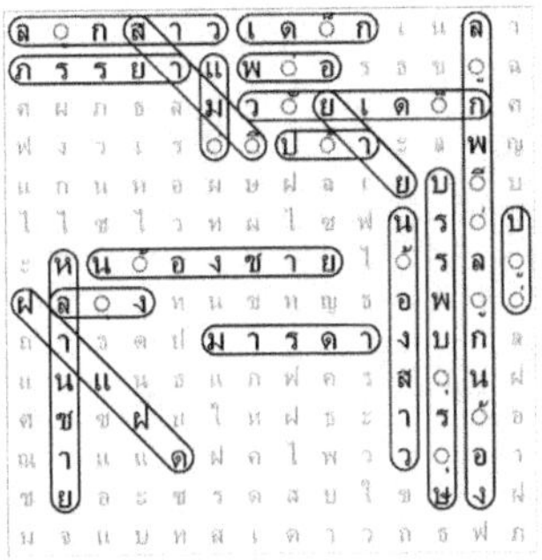

77 - Veicoli

78 - Emozioni

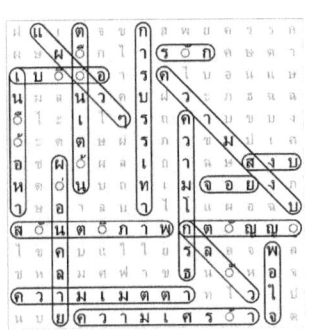

79 - Natura

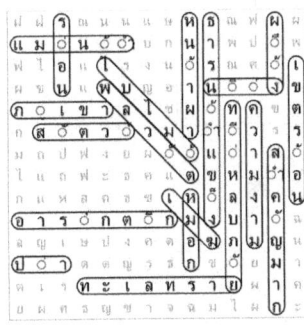

80 - Balletto

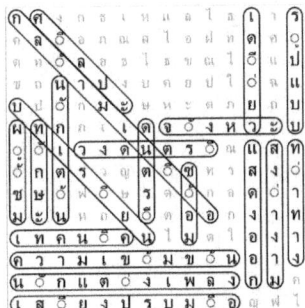

81 - Castelli

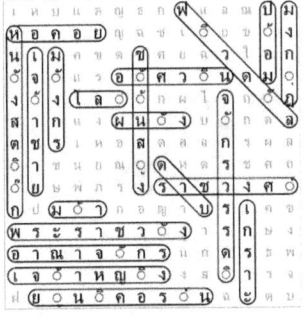

82 - Campionato

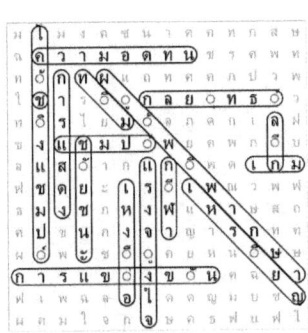

83 - Foresta Pluviale

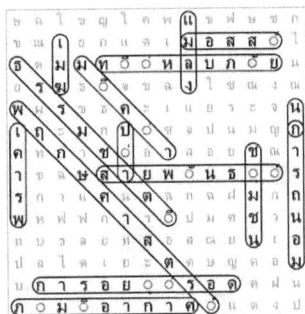

84 - Edifici

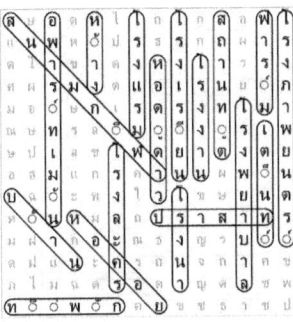

85 - Paesi #2

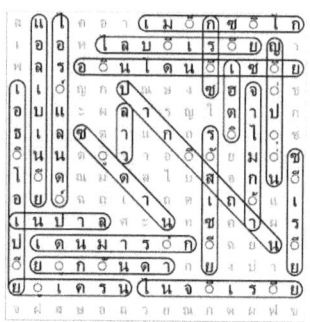

86 - Tipi di Capelli

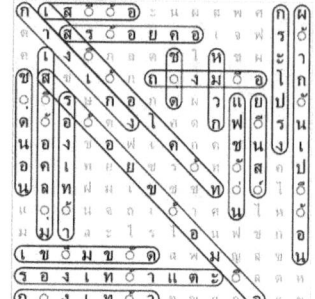

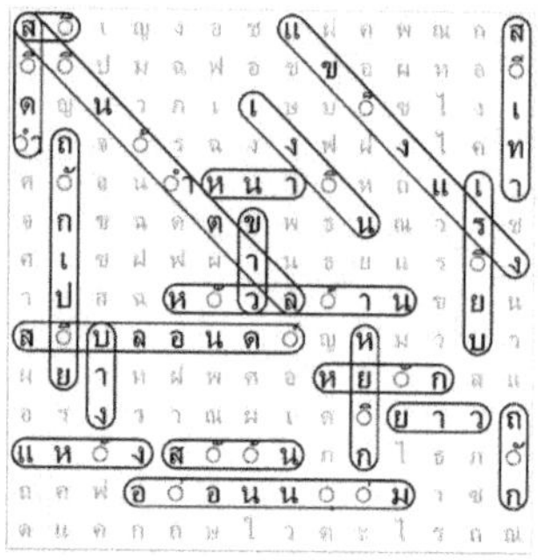

87 - Vestiti

88 - Attività e Tempo Libero

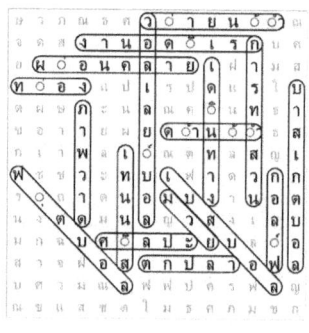

89 - Tecnologia

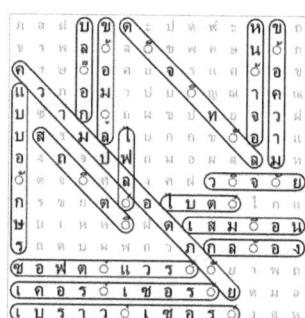

90 - Arte

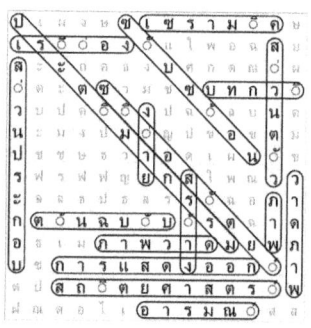

91 - Meteo

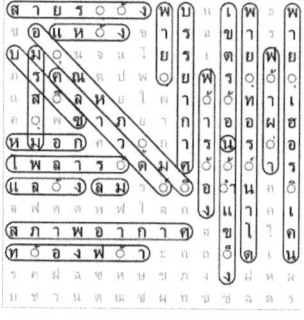

92 - Corpo Umano

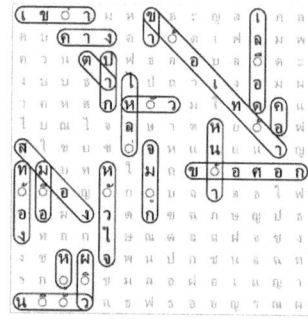

93 - Mammiferi

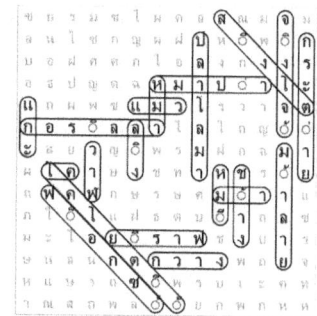

94 - Arrampicata

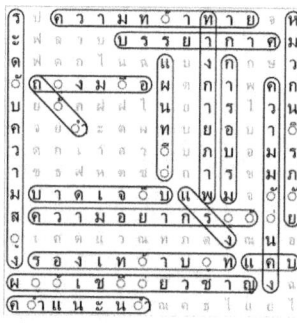

95 - Animali Domestici

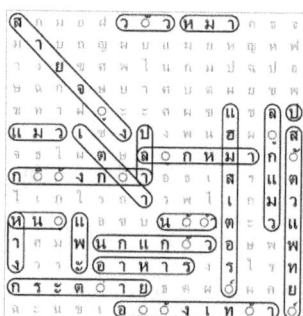

96 - Cucina

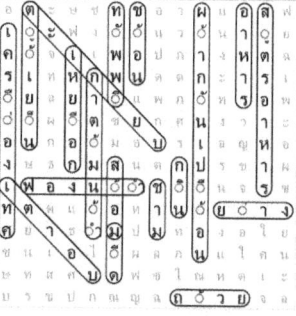

97 - Vacanze #2

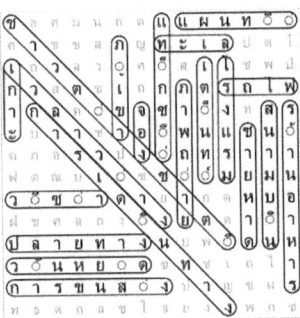

98 - Attività

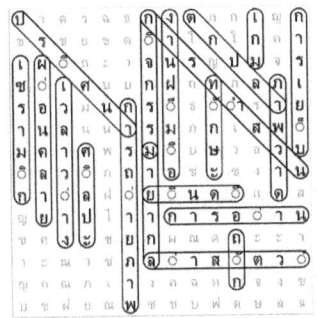

99 - Forniture Artistiche

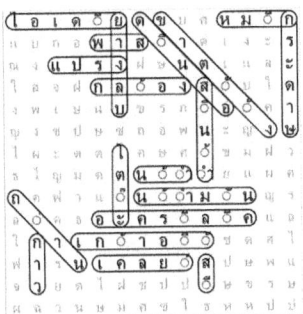

100 - Misurazioni

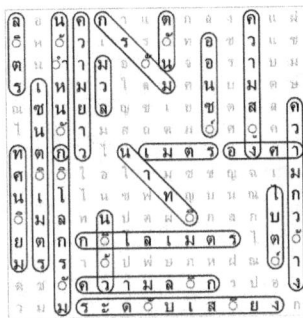

Dizionario

Acqua
น้ำ

Alluvione	น้ำท่วม
Canale	คลอง
Doccia	อาบน้ำ
Evaporazione	การระเหย
Fiume	แม่น้ำ
Flusso	ลำธาร
Geyser	น้ำพุร้อน
Ghiaccio	น้ำแข็ง
Irrigazione	ชลประทาน
Lago	ทะเลสาบ
Monsone	มรสุม
Neve	หิมะ
Oceano	มหาสมุทร
Onde	คลื่น
Pioggia	ฝน
Potabile	ดื่มได้
Umidità	ความชื้น
Umido	ชื้น
Uragano	พายุเฮอริเคน
Vapore	ไอน้ำ

Aeroplani
เครื่องบิน

Altezza	ความสูง
Altitudine	ระดับความสูง
Aria	อากาศ
Atmosfera	บรรยากาศ
Atterraggio	ท่าเรือ
Avventura	การผจญภัย
Carburante	เชื้อเพลิง
Cielo	ท้องฟ้า
Costruzione	การก่อสร้าง
Direzione	ทิศทาง
Discesa	การตกทอด
Equipaggio	ลูกเรือ
Idrogeno	ไฮโดรเจน
Motore	เครื่องยนต์
Navigare	นำทาง
Palloncino	ลูกโป่ง
Passeggero	ผู้โดยสาร
Pilota	นักบิน
Storia	ประวัติศาสตร์
Turbolenza	ความปั่นป่วน

Aggettivi #1
คำคุณศัพท์ #1

Ambizioso	ทะเยอทะยาน
Aromatico	หอม
Artistico	ศิลปะ
Assoluto	แน่นอน
Attivo	คล่องแคล่ว
Esotico	แปลกใหม่
Generoso	ใจกว้าง
Giovane	หนุ่มสาว
Grande	ใหญ่
Identico	เหมือนกัน
Importante	สำคัญ
Lento	ช้า
Lungo	ยาว
Moderno	ทันสมัย
Onesto	ซื่อสัตย์
Perfetto	สมบูรณ์
Pesante	หนัก
Prezioso	มีค่า
Profondo	ลึก
Sottile	บาง

Aggettivi #2
คำคุณศัพท์ #2

Affamato	หิว
Asciutto	แห้ง
Autentico	แท้
Caldo	ร้อน
Creativo	สร้างสรรค์
Descrittivo	ธิบาย
Dolce	หวาน
Drammatico	ดราม่า
Elegante	สง่า
Famoso	มีชื่อเสียง
Interessante	น่าสนใจ
Naturale	เป็นธรรมชาติ
Normale	ปกติ
Nuovo	ใหม่
Orgoglioso	ภูมิใจ
Produttivo	อุดมสมบูรณ์
Puro	บริสุทธิ์
Responsabile	รับผิดชอบ
Salato	เค็ม
Sano	แข็งแรง

Animali Domestici
สัตว์เลี้ยง

Acqua	น้ำ
Cane	หมา
Capra	แพะ
Cibo	อาหาร
Coda	หาง
Collare	ป
Coniglio	กระต่าย
Criceto	แฮมสเตอร์
Cucciolo	ลูกหมา
Gattino	ลูกแมว
Gatto	แมว
Guinzaglio	สายจูง
Lucertola	กิ้งก่า
Mucca	วัว
Pappagallo	นกแก้ว
Pesce	ปลา
Tartaruga	เต่า
Topo	หนู
Veterinario	สัตวแพทย์
Zampe	อุ้งเท้า

Antartide
ทวีปแอนตาร์กติกา

Acqua	น้ำ
Ambiente	สิ่งแวดล้อม
Baia	อ่าว
Balene	ปลาวาฬ
Conservazione	การอนุรักษ์
Continente	ทวีป
Geografia	ภูมิศาสตร์
Ghiacciai	กลาเซียร์
Ghiaccio	น้ำแข็ง
Isole	หมู่เกาะ
Migrazione	การโยกย้าย
Minerali	แร่ธาตุ
Nuvole	เมฆ
Penisola	คาบสมุทร
Ricercatore	นักวิจัย
Roccioso	ขรุขระ
Scientifico	วิทยาศาสตร์
Spedizione	การเดินทาง
Temperatura	อุณหภูมิ
Topografia	ภูมิประเทศ

Api
ผึ้ง

Ali	ปีก
Alveare	รัง
Benefico	เป็นประโยชน์
Cera	ขี้ผึ้ง
Cibo	อาหาร
Diversità	ความหลากหลาย
Ecosistema	ระบบนิเวศ
Fiori	ดอกไม้
Fiorire	ดอก
Frutta	ผลไม้
Fumo	ควัน
Giardino	สวน
Habitat	ที่อยู่อาศัย
Insetto	แมลง
Miele	น้ำผึ้ง
Piante	พืช
Polline	เรณู
Regina	ควีน
Sciame	ฝูง
Sole	ดวงอาทิตย์

Arrampicata
ปีนเขา

Altitudine	ระดับความสูง
Atmosfera	บรรยากาศ
Casco	หมวกนิรภัย
Curiosità	ความอยากรู้
Esperto	ผู้เชี่ยวชาญ
Fisico	ทางกายภาพ
Formazione	การอบรม
Forza	แรง
Grotta	ถ้ำ
Guanti	ถุงมือ
Guide	คำแนะนำ
Lesione	บาดเจ็บ
Mappa	แผนที่
Sfide	ความท้าทาย
Stabilità	ความมั่นคง
Stivali	รองเท้าบูท
Stretto	แคบ
Terreno	ภูมิประเทศ

Arte
ศิลปะ

Ceramica	เซรามิค
Complesso	ซับซ้อน
Composizione	ส่วนประกอบ
Creare	สร้าง
Dipinti	ภาพวาด
Espressione	การแสดงออก
Onesto	ซื่อสัตย์
Originale	ต้นฉบับ
Personale	ส่วนตัว
Poesia	บทกวี
Ritrarre	วาดภาพ
Scultura	ประติมากรรม
Semplice	ง่าย
Simbolo	สัญลักษณ์
Soggetto	เรื่อง
Surrealismo	สถิตยศาสตร์
Umore	อารมณ์
Visivo	ภาพ

Arti Visive
ทัศนศิลป์

Architettura	สถาปัตยกรรม
Argilla	เคลย์
Artista	ศิลปิน
Capolavoro	ผลงานชิ้นเอก
Carbone	ถ่าน
Cera	ขี้ผึ้ง
Ceramica	เซรามิก
Composizione	ค์ประกอบ
Film	ฟิล์ม
Fotografia	ภาพถ่าย
Gesso	ชอล์ก
Matita	ดินสอ
Penna	ปากกา
Pittura	ภาพวาด
Prospettiva	มุมมอง
Ritratto	แนวตั้ง
Scultura	ประติมากรรม
Stampino	สเตนซิล

Astronomia
ดาราศาสตร์

Astronauta	นักบินอวกาศ
Astronomo	นักดาราศาสตร์
Cielo	ท้องฟ้า
Costellazione	กลุ่มดาว
Equinozio	วิษุวัต
Galassia	กาแลกซี่
Gravità	แรงโน้มถ่วง
Luna	ดวงจันทร์
Meteora	ดาวตก
Nebulosa	เนบิวลา
Osservatorio	หอดูดาว
Pianeta	ดาวเคราะห์
Radiazione	รังสี
Razzo	จรวด
Satellite	ดาวเทียม
Solare	แสงอาทิตย์
Supernova	ซูเปอร์โนวา
Terra	โลก
Universo	จักรวาล
Zodiaco	จักรราศี

Attività
กิจกรรมต่างๆ

Abilità	ทักษะ
Arte	ศิลปะ
Artigianato	งานฝีมือ
Attività	กิจกรรม
Caccia	ล่าสัตว์
Ceramica	เซรามิก
Cucire	การเย็บ
Fotografia	การถ่ายภาพ
Giardinaggio	การทำสวน
Giochi	เกม
Lettura	การอ่าน
Magia	มายากล
Maglieria	ถัก
Pesca	ตกปลา
Piacere	ยินดี
Pittura	ภาพวาด
Puzzle	ปริศนา
Rilassamento	ผ่อนคลาย
Tempo Libero	เวลาว่าง

Attività e Tempo Libero
กิจกรรมและสันทนาการ

Arte	ศิลปะ
Baseball	เบสบอล
Basket	บาสเกตบอล
Boxe	มวย
Calcio	ฟุตบอล
Giardinaggio	การทำสวน
Golf	กอล์ฟ
Hobby	งานอดิเรก
Immersione	ดำน้ำ
Nuoto	ว่ายน้ำ
Pallavolo	วอลเลย์บอล
Pesca	ตกปลา
Pittura	ภาพวาด
Rilassante	ผ่อนคลาย
Surf	ท่อง
Tennis	เทนนิส
Viaggio	เดินทาง

Autunno
ฤดูใบไม้ร่วง

Abbigliamento	เสื้อผ้า
Castagne	เกาลัด
Clima	ภูมิอากาศ
Deciduo	ซึ่งผลัดใบ
Equinozio	วิษุวัต
Festival	เทศกาล
Frutteto	สวนผลไม้
Gelo	น้ำแข็ง
Ghianda	ลูกโอ๊ก
Incendi	ไฟไหม้
Mele	แอปเปิ้ล
Mesi	เดือน
Meteo	สภาพอากาศ
Migrazione	การโยกย้าย
Natura	ธรรมชาติ
Stagionale	ตามฤดูกาล

Avventura
การผจญภัย

Amici	เพื่อน
Attività	กิจกรรม
Bellezza	ความงาม
Coraggio	ความกล้าหาญ
Destinazione	ปลายทาง
Difficoltà	ความยาก
Escursione	ทัศนศึกษา
Gioia	จอย
Insolito	ผิดปกติ
Natura	ธรรมชาติ
Navigazione	นำร่อง
Nuovo	ใหม่
Opportunità	โอกาส
Pericoloso	อันตราย
Preparazione	การตระเตรียม
Sfide	ความท้าทาย
Sicurezza	ความปลอดภัย
Sorprendente	น่าแปลกใจ
Viaggi	การเดินทาง

Balletto
บัลเล่ต์

Abilità	ทักษะ
Applauso	เสียงปรบมือ
Artistico	ศิลปะ
Assolo	เดี่ยว
Ballerini	นักเต้น
Compositore	นักแต่งเพลง
Espressivo	แสดงออก
Gesto	ท่าทาง
Grazioso	สง่างาม
Intensità	ความเข้มข้น
Lezioni	บทเรียน
Muscoli	กล้ามเนื้อ
Musica	ดนตรี
Orchestra	วงดนตรี
Prova	ซ้อม
Pubblico	ผู้ชม
Ritmo	จังหวะ
Stile	รูปแบบ
Tecnica	เทคนิค

Barbecue
บาร์บีคิว

Caldo	ร้อน
Cena	อาหารเย็น
Cibo	อาหาร
Cipolle	หัวหอม
Coltelli	มีด
Estate	ฤดูร้อน
Fame	ความหิว
Famiglia	ครอบครัว
Frutta	ผลไม้
Giochi	เกม
Griglia	ย่าง
Insalate	สลัด
Invito	การเชื้อเชิญ
Musica	ดนตรี
Pepe	พริกไทย
Pollo	ไก่
Pomodori	มะเขือเทศ
Pranzo	อาหารกลางวัน
Sale	เกลือ
Salsa	ซอส

Campeggio
ค่ายพักแรม

Alberi	ต้นไม้
Amaca	เปลญวน
Animali	สัตว์
Avventura	การผจญภัย
Bussola	เข็มทิศ
Cabina	ห้าง
Caccia	ล่าสัตว์
Canoa	แคนู
Cappello	หมวก
Corda	เชือก
Divertimento	สนุก
Foresta	ป่า
Fuoco	ไฟ
Insetto	แมลง
Lago	ทะเลสาบ
Luna	ดวงจันทร์
Mappa	แผนที่
Montagna	ภูเขา
Natura	ธรรมชาติ
Tenda	เต็นท์

Campionato
การแข่งขันชิงแชมป์

Allenatore	โค้ช
Campionato	ชิงแชมป์
Campione	แชมป์
Giochi	เกม
Giudice	ผู้พิพากษา
Lega	ลีก
Medaglia	เหรียญ
Motivazione	แรงจูงใจ
Prestazione	การแสดง
Resistenza	ความอดทน
Sportivo	กีฬา
Squadra	ทีม
Strategia	กลยุทธ์
Sudore	เหงื่อ
Torneo	การแข่งขัน
Vittoria	ชัยชนะ

Casa
บ้าน

Attico	ห้องใต้หลังคา
Biblioteca	ห้องสมุด
Camera	ห้อง
Camino	เตาผิง
Cucina	ครัว
Doccia	อาบน้ำ
Finestra	หน้าต่าง
Garage	โรงรถ
Giardino	สวน
Lampada	โคมไฟ
Parete	ผนัง
Pavimento	พื้น
Porta	ประตู
Recinto	รั้ว
Rubinetto	ก๊อก
Scopa	ไม้กวาด
Soffitto	เพดาน
Specchio	กระจก
Tappeto	พรม
Tetto	หลังคา

Castelli
ปราสาท

Armatura	เกราะ
Catapulta	หนังสติ๊ก
Cavaliere	อัศวิน
Cavallo	ม้า
Corona	มงกุฎ
Dinastia	ราชวงศ์
Drago	มังกร
Feudale	ฟิวดัล
Fortezza	ป้อม
Impero	จักรวรรดิ
Nobile	ชั้นสูง
Palazzo	พระราชวัง
Parete	ผนัง
Principe	เจ้าชาย
Principessa	เจ้าหญิง
Regno	อาณาจักร
Scudo	โล่
Spada	ดาบ
Torre	หอคอย
Unicorno	ยูนิคอร์น

Cibo #1
อาหาร #1

Aglio	กระเทียม
Avocado	อาโวคาโด
Basilico	โหระพา
Cannella	อบเชย
Carne	เนื้อ
Carota	แครอท
Cipolla	หัวหอม
Insalata	สลัด
Latte	นม
Limone	มะนาว
Menta	มินต์
Orzo	บาร์เลย์
Pera	ลูกแพร์
Rapa	หัวผักกาด
Sale	เกลือ
Spinaci	ผักโขม
Succo	น้ำผลไม้
Tonno	ทูน่า
Torta	เค้ก
Zucchero	น้ำตาล

Cibo #2
อาหาร #2

Banana	กล้วย
Broccolo	บรอกโคลี
Ciliegia	เชอร์รี่
Cioccolato	ช็อคโกแลต
Formaggio	ชีส
Fungo	เห็ด
Grano	ข้าวสาลี
Kiwi	กีวี่
Mela	แอปเปิ้ล
Melanzana	มะเขือ
Pane	ขนมปัง
Pesce	ปลา
Pollo	ไก่
Pomodoro	มะเขือเทศ
Prosciutto	แฮม
Riso	ข้าว
Sedano	ขึ้นฉ่าย
Uovo	ไข่
Uva	องุ่น
Yogurt	โยเกิร์ต

Cioccolato
ช็อกโกแลต

Amaro	ขม
Arachidi	ถั่ว
Aroma	กลิ่นหอม
Artigianale	ช่างฝีมือ
Cacao	โกโก้
Calorie	แคลอรี่
Caramella	ลูกอม
Caramello	คาราเมล
Delizioso	อร่อย
Dolce	หวาน
Esotico	แปลกใหม่
Gusto	รส
Ingrediente	ส่วนผสม
Mangiare	กิน
Noce di Cocco	มะพร้าว
Polvere	ผง
Preferito	ที่ชื่นชอบ
Qualità	คุณภาพ
Ricetta	สูตรอาหาร
Zucchero	น้ำตาล

Circo
ละครสัตว์

Acrobata	กายกรรม
Animali	สัตว์
Biglietto	ตั๋ว
Caramella	ลูกอม
Clown	ตัวตลก
Costume	ชุดแต่งกาย
Elefante	ช้าง
Giocoliere	จักเกอร์
Leone	สิงโต
Magia	มายากล
Mago	นักมายากล
Mostrare	แสดง
Musica	ดนตรี
Palloncini	ลูกโป่ง
Parata	ขบวนแห่
Scimmia	ลิง
Spettacolare	งดงาม
Tenda	เต็นท์
Tigre	เสือ
Trucco	เคล็ดลับ

Città
เมือง

Aeroporto	สนามบิน
Banca	ธนาคาร
Biblioteca	ห้องสมุด
Cinema	โรงภาพยนตร์
Clinica	คลินิก
Farmacia	ร้านขายยา
Fiorista	ดอกไม้ดี
Galleria	แกลเลอรี่
Hotel	โรงแรม
Libreria	ร้านหนังสือ
Mercato	ตลาด
Museo	พิพิธภัณฑ์
Negozio	ร้าน
Panetteria	เบเกอรี่
Ristorante	ร้านอาหาร
Scuola	โรงเรียน
Stadio	สนามกีฬา
Teatro	โรงละคร
Università	มหาวิทยาลัย
Zoo	สวนสัตว์

Colori
สีสัน

Arancia	ส้ม
Beige	เบจ
Bianco	ขาว
Blu	สีน้ำเงิน
Ciano	สีฟ้า
Cremisi	สีแดงเข้ม
Fucsia	ฟูเชีย
Giallo	สีเหลือง
Grigio	เทา
Indaco	คราม
Magenta	สีม่วงแดง
Marrone	สีน้ำตาล
Nero	สีดำ
Rosa	ชมพู
Rosso	แดง
Seppia	ซีเปีย
Verde	เขียว
Viola	สีม่วง

Commedia
ตลก

Applauso	เสียงปรบมือ
Attore	นักแสดง
Attrice	นักแสดงหญิง
Clown	ตัวตลก
Divertente	ตลก
Divertimento	สนุก
Espressivo	แสดงออก
Genere	ประเภท
Improvvisazione	ปฏิภาณโวหาร
Intelligente	ฉลาด
Parodia	ล้อเลียน
Pubblico	ผู้ชม
Risata	เสียงหัวเราะ
Scherzi	เรื่องตลก
Teatro	โรงละคร
Televisione	โทรทัศน์
Umorismo	อารมณ์ขัน

Compleanno
วันเกิด

Amici	เพื่อน
Anno	ปี
Calendario	ปฏิทิน
Candele	เทียน
Cantare	ร้องเพลง
Canzone	เพลง
Carte	ไพ่
Celebrazione	งานฉลอง
Divertimento	สนุก
Felice	มีความสุข
Giorno	วัน
Giovane	หนุ่มสาว
Inviti	คำเชิญ
Nato	เกิด
Regalo	ของขวัญ
Ricordi	ความทรงจำ
Saggezza	ปัญญา
Speciale	พิเศษ
Tempo	เวลา
Torta	เค้ก

Conservazione
อนุรักษ์

Acqua	น้ำ
Ciclo	รอบ
Clima	ภูมิอากาศ
Ecosistema	ระบบนิเวศ
Educazione	การศึกษา
Habitat	ที่อยู่อาศัย
Inquinamento	มลพิษ
Naturale	เป็นธรรมชาติ
Organico	อินทรีย์
Pesticida	แมลง
Riciclare	รีไซเคิล
Ridurre	ลด
Salute	สุขภาพ
Sostenibile	ยั่งยืน
Verde	เขียว
Volontario	อาสาสมัคร

Corpo Umano
ร่างกายมนุษย์

Bocca	ปาก
Caviglia	ข้อเท้า
Cervello	สมอง
Collo	คอ
Cuore	หัวใจ
Dito	นิ้ว
Faccia	หน้า
Gamba	ขา
Ginocchio	เข่า
Gomito	ข้อศอก
Mano	มือ
Mento	คาง
Naso	จมูก
Occhio	ตา
Orecchio	หู
Pelle	ผิว
Sangue	เลือด
Spalla	ไหล่
Stomaco	ท้อง
Testa	หัว

Cucina
ห้องครัว

Bacchette	ตะเกียบ
Bollitore	กาต้มน้ำ
Brocca	เหยือก
Cibo	อาหาร
Ciotola	ชาม
Coltelli	มีด
Cucchiai	ช้อน
Forchette	ส้อม
Forno	เตาอบ
Frigorifero	ตู้เย็น
Grembiule	ผ้ากันเปื้อน
Griglia	ย่าง
Mangiare	กิน
Mestolo	ทัพพี
Ricetta	สูตรอาหาร
Spezie	เครื่องเทศ
Spugna	ฟองน้ำ
Tazze	ถ้วย
Tovagliolo	ผ้าเช็ดปาก

Danza
เต้นรำ

Arte	ศิลปะ
Classico	คลาสสิก
Compagno	หุ้นส่วน
Corpo	ร่างกาย
Cultura	วัฒนธรรม
Emozione	อารมณ์
Espressivo	แสดงออก
Grazia	เกรซ
Movimento	การเคลื่อนไหว
Musica	ดนตรี
Postura	ท่าทาง
Prova	ซ้อม
Ritmo	จังหวะ
Salto	กระโดด
Tradizionale	ดั้งเดิม
Visivo	ภาพ

Dinosauri
ไดโนเสาร์

Ali	ปีก
Carnivoro	สัตว์กินเนื้อ
Coda	หาง
Erbivoro	สมุนไพร
Evoluzione	วิวัฒนาการ
Fossili	ฟอสซิล
Grande	ใหญ่
Mammut	แมมมอธ
Onnivoro	ออมนิวอร์
Potente	ทรงพลัง
Preda	เหยื่อ
Rapace	แร็พเตอร์
Scomparsa	หายตัวไป
Specie	สายพันธุ์
Taglia	ขนาด
Terra	โลก
Vizioso	เลวร้าย

Discipline Scientifiche
สาขาวิชาวิทยาศาสตร์

Archeologia	โบราณคดี
Astronomia	ดาราศาสตร์
Biochimica	ชีวเคมี
Biologia	ชีววิทยา
Botanica	พฤกษศาสตร์
Chimica	เคมี
Ecologia	นิเวศวิทยา
Fisiologia	สรีรวิทยา
Geologia	ธรณีวิทยา
Linguistica	ภาษาศาสตร์
Meccanica	กลศาสตร์
Meteorologia	อุตุนิยมวิทยา
Mineralogia	แร่วิทยา
Neurologia	ประสาทวิทยา
Nutrizione	โภชนาการ
Psicologia	จิตวิทยา
Robotica	หุ่นยนต์
Sociologia	สังคมวิทยา
Termodinamica	อุณหพลศาสตร์
Zoologia	สัตววิทยา

Ecologia
นิเวศวิทยา

Clima	ภูมิอากาศ
Comunità	ชุมชน
Diversità	ความหลากหลาย
Fauna	สัตว์ป่า
Flora	ฟลอรา
Globale	ทั่วโลก
Habitat	ที่อยู่อาศัย
Marino	ทะเล
Montagne	ภูเขา
Natura	ธรรมชาติ
Naturale	เป็นธรรมชาติ
Palude	บึง
Risorse	ทรัพยากร
Siccità	แล้ง
Sopravvivenza	การอยู่รอด
Sostenibile	ยั่งยืน
Specie	สายพันธุ์
Vegetazione	พืช
Volontari	อาสาสมัคร

Edifici
สิ่งปลูกสร้าง

Ambasciata	สถานทูต
Appartamento	อพาร์ทเม้น
Cabina	ห้าง
Casa	บ้าน
Castello	ปราสาท
Cinema	โรงภาพยนตร์
Fabbrica	โรงงาน
Fattoria	ฟาร์ม
Fienile	โรงนา
Hotel	โรงแรม
Museo	พิพิธภัณฑ์
Ospedale	โรงพยาบาล
Osservatorio	หอดูดาว
Ostello	ที่พัก
Scuola	โรงเรียน
Stadio	สนามกีฬา
Teatro	โรงละคร
Tenda	เต็นท์
Torre	หอคอย
Università	มหาวิทยาลัย

Emozioni
อารมณ์ความรู้สึก

Amore	รัก
Calma	สงบ
Contenuto	เนื้อหา
Eccitato	ตื่นเต้น
Gentilezza	ความเมตตา
Gioia	จอย
Grato	กตัญญู
Noia	เบื่อ
Pace	สันติภาพ
Paura	กลัว
Rabbia	ความโกรธ
Rilassato	ผ่อนคลาย
Rilievo	การบรรเทา
Soddisfatto	พอใจ
Sorpresa	เซอร์ไพรส์
Tenerezza	แผ่วๆ
Tranquillità	ความสงบ
Tristezza	ความเศร้า

Erboristeria
ยาสมุนไพร

Aglio	กระเทียม
Aneto	ผักชีลาว
Aromatico	หอม
Basilico	โหระพา
Culinario	การทำอาหาร
Dragoncello	ทาร์รากอน
Finocchio	เม็ดยี่หร่า
Fiore	ดอกไม้
Giardino	สวน
Ingrediente	ส่วนผสม
Lavanda	ลาเวนเดอร์
Maggiorana	มาร์โจแรม
Menta	มินต์
Origano	ออริกาโน่
Prezzemolo	ผักชีฝรั่ง
Qualità	คุณภาพ
Rosmarino	โรสแมรี่
Timo	ไธม์
Verde	เขียว
Zafferano	หญ้าฝรั่น

Escursionismo
เดินป่า

Acqua	น้ำ
Animali	สัตว์
Clima	ภูมิอากาศ
Guide	คำแนะนำ
Mappa	แผนที่
Meteo	สภาพอากาศ
Montagna	ภูเขา
Natura	ธรรมชาติ
Orientamento	ปฐมนิเทศ
Pericoli	อันตราย
Pesante	หนัก
Pietre	หิน
Preparazione	การตระเตรียม
Scogliera	หน้าผา
Selvaggio	ป่า
Sole	ดวงอาทิตย์
Stanco	เหนื่อย
Stivali	รองเท้าบูท
Zanzare	ยุง

Esplorazione
การสำรวจ

Animali	สัตว์
Attività	กิจกรรม
Coraggio	ความกล้าหาญ
Culture	วัฒนธรรม
Determinazione	การกำหนด
Eccitazione	ความตื่นเต้น
Esaurimento	ความอ่อนเพลีย
Lingua	ภาษา
Nuovo	ใหม่
Per Imparare	เรียนรู้
Pericoli	อันตราย
Sconosciuto	ไม่ทราบ
Scoperta	การค้นพบ
Selvaggio	ป่า
Spazio	อวกาศ
Terreno	ภูมิประเทศ
Viaggio	เดินทาง

Estate
ฤดูร้อน

Amici	เพื่อน
Casa	บ้าน
Cibo	อาหาร
Famiglia	ครอบครัว
Giardino	สวน
Giochi	เกม
Gioia	จอย
Immersione	ดำน้ำ
Libri	หนังสือ
Mare	ทะเล
Musica	ดนตรี
Ricordi	ความทรงจำ
Rilassamento	ผ่อนคลาย
Sandali	รองเท้าแตะ
Spiaggia	ชายหาด
Stelle	ดาว
Tempo Libero	เวลาว่าง
Vacanza	วันหยุด
Viaggio	เดินทาง

Famiglia
ครอบครัว

Antenato	บรรพบุรุษ
Bambino	เด็ก
Cugino	ลูกพี่ลูกน้อง
Figlia	ลูกสาว
Fratello	น้องชาย
Gemelli	ฝาแฝด
Infanzia	วัยเด็ก
Madre	แม่
Marito	สามี
Materno	มารดา
Moglie	ภรรยา
Nipote	หลานชาย
Nonna	ยาย
Nonno	ปู่
Padre	พ่อ
Sorella	น้องสาว
Zia	ป้า
Zio	ลุง

Fantascienza
นิยายวิทยาศาสตร์

Atomico	อะตอม
Cinema	โรงภาพยนตร์
Distopia	ดิสโทเปีย
Esplosione	การระเบิด
Estremo	สุดขีด
Fantastico	มหัศจรรย์
Fuoco	ไฟ
Futuristico	อนาคต
Galassia	กาแลกซี่
Illusione	ภาพลวงตา
Immaginario	เพ้อฝัน
Libri	หนังสือ
Misterioso	ลึกลับ
Mondo	โลก
Oracolo	สิทธิ์
Pianeta	ดาวเคราะห์
Robot	หุ่นยนต์
Scenario	สถานการณ์
Tecnologia	เทคโนโลยี
Utopia	ยูโทเปีย

Fattoria #1
ฟาร์ม #1

Acqua	น้ำ
Agricoltura	เกษตรกรรม
Ape	ผึ้ง
Asino	ลา
Campo	สนาม
Cane	หมา
Capra	แพะ
Cavallo	ม้า
Fertilizzante	ปุ๋ย
Fieno	ฟาง
Gatto	แมว
Gregge	ฝูง
Maiale	หมู
Miele	น้ำผึ้ง
Mucca	วัว
Pollo	ไก่
Recinto	รั้ว
Riso	ข้าว
Semi	เมล็ด
Vitello	น่อง

Fattoria #2
ฟาร์ม #2

Agnello	ลูกแกะ
Agricoltore	ชาวนา
Alveare	รังผึ้ง
Anatra	เป็ด
Animali	สัตว์
Cibo	อาหาร
Fienile	โรงนา
Frutta	ผลไม้
Frutteto	สวนผลไม้
Grano	ข้าวสาลี
Irrigazione	ชลประทาน
Lama	ลามา
Latte	นม
Mais	ข้าวโพด
Oche	ห่าน
Orzo	บาร์เล่ย์
Pastore	คนเลี้ยงแกะ
Pecora	แกะ
Prato	ทุ่งหญ้า
Trattore	รถแทรกเตอร์

Fiori
ดอกไม้

Calendula	ดาวเรือง
Dente di Leone	แดนดิไลออน
Gardenia	พุด
Gelsomino	มะลิ
Giglio	ลิลลี่
Girasole	ดอกทานตะวัน
Ibisco	ชบา
Lavanda	ลาเวนเดอร์
Lilla	ม่วง
Magnolia	แมกโนเลีย
Margherita	เดซี่
Mazzo	ช่อดอกไม้
Orchidea	กล้วยไม้
Papavero	ป๊อปปี้
Passiflora	เสาวรส
Peonia	โบตั๋น
Petalo	กลีบ
Rosa	กุหลาบ
Trifoglio	โคลเวอร์
Tulipano	ทิวลิป

Foresta Pluviale
ป่าฝน

Botanico	พฤกษศาสตร์
Clima	ภูมิอากาศ
Comunità	ชุมชน
Diversità	ความหลากหลาย
Giungla	ป่า
Indigeno	ชนพื้นเมือง
Insetti	แมลง
Muschio	มอสส์
Natura	ธรรมชาติ
Nuvole	เมฆ
Preservazione	การถนอม
Prezioso	มีค่า
Restauro	การฟื้นฟู
Rifugio	ที่หลบภัย
Rispetto	เคารพ
Sopravvivenza	การอยู่รอด
Specie	สายพันธุ์
Uccelli	นก

Forniture Artistiche
อุปกรณ์ศิลปะ

Acqua	น้ำ
Acquerelli	สีน้ำ
Acrilico	อะคริลิค
Argilla	เคลย์
Carbone	ถ่าน
Carta	กระดาษ
Cavalletto	ขาตั้ง
Colla	กาว
Colori	สี
Gomma	ยางลบ
Idee	ไอเดีย
Inchiostro	หมึก
Matite	ดินสอ
Olio	น้ำมัน
Pastelli	พาส
Sedia	เก้าอี้
Spazzole	แปรง
Tavolo	โต๊ะ
Telecamera	กล้อง

Frutta
ผลไม้

Albicocca	แอปริคอท
Ananas	สัปปะรด
Arancia	ส้ม
Avocado	อาโวคาโด
Bacca	เบอร์รี่
Banana	กล้วย
Ciliegia	เชอร์รี่
Kiwi	กีวี่
Lampone	ราสเบอร์รี่
Limone	มะนาว
Mango	มะม่วง
Mela	แอปเปิ้ล
Melone	เมลอน
Mora	แบล็กเบอร์รี่
Nettarina	เนคทารีน
Papaia	มะละกอ
Pera	ลูกแพร์
Pesca	พีช
Prugna	พลัม
Uva	องุ่น

Gatti
แมว

Artiglio	กรงเล็บ
Cacciatore	ฮันเตอร์
Coda	หาง
Divertente	ตลก
Dormire	นอน
Filo	เส้นด้าย
Giocoso	ขี้เล่น
Indipendente	อิสระ
Pazzo	บ้า
Pelliccia	ขน
Personalità	บุคลิกภาพ
Poco	น้อย
Selvaggio	ป่า
Timido	อาย
Topo	หนู
Veloce	เร็ว
Zampa	พาว

Geografia
ภูมิศาสตร์

Altitudine	ระดับความสูง
Atlante	แอตลาส
Città	เมือง
Continente	ทวีป
Emisfero	ซีกโลก
Fiume	แม่น้ำ
Isola	เกาะ
Latitudine	ละติจูด
Longitudine	เส้นแวง
Mappa	แผนที่
Mare	ทะเล
Meridiano	เมอริเดียน
Mondo	โลก
Montagna	ภูเขา
Nord	ทิศเหนือ
Ovest	ตะวันตก
Paese	ประเทศ
Regione	ภาค
Sud	ใต้
Territorio	อาณาเขต

Geologia
ธรณีวิทยา

Acido	กรด
Altopiano	ที่ราบสูง
Calcio	แคลเซียม
Caverna	ถ้ำ
Continente	ทวีป
Corallo	ปะการัง
Cristalli	คริสตัล
Erosione	ร่อน
Fossile	ฟอสซิล
Geyser	ไกเซอร์
Lava	ลาวา
Minerali	แร่ธาตุ
Pietra	หิน
Quarzo	ควอทซ์
Sale	เกลือ
Stalagmiti	หินงอก
Stalattite	หินย้อย
Strato	ชั้น
Terremoto	แผ่นดินไหว
Vulcano	ภูเขาไฟ

Giardino
สวนหย่อม

Albero	ต้นไม้
Amaca	เปลญวน
Cespuglio	บุช
Erba	หญ้า
Erbacce	วัชพืช
Fiore	ดอกไม้
Frutteto	สวนผลไม้
Garage	โรงรถ
Giardino	สวน
Pala	พลั่ว
Panca	ม้านั่ง
Portico	ระเบียง
Prato	สนามหญ้า
Rastrello	คราด
Recinto	รั้ว
Stagno	บ่อน้ำ
Suolo	ดิน
Terrazza	ชานบ้าน
Trampolino	แทรมโพลีน
Tubo	ท่อ

Giocattoli
ของเล่น

Aereo	เครื่องบิน
Aquilone	ว่าว
Argilla	เคลย์
Artigianato	งานฝีมือ
Auto	รถ
Bambola	ตุ๊กตา
Barca	เรือ
Batteria	กลอง
Bicicletta	จักรยาน
Camion	รถบรรทุก
Giochi	เกม
Immaginazione	จินตนาการ
Libri	หนังสือ
Palla	ลูกบอล
Preferito	ที่ชื่นชอบ
Puzzle	ปริศนา
Robot	หุ่นยนต์
Scacchi	หมากรุก
Treno	รถไฟ
Vernici	สี

Giorni e Mesi
วันและเดือน

Agosto	สิงหาคม
Anno	ปี
Aprile	เมษายน
Calendario	ปฏิทิน
Dicembre	ธันวาคม
Domenica	วันอาทิตย์
Febbraio	กุมภาพันธ์
Gennaio	มกราคม
Giugno	มิถุนายน
Luglio	กรกฎาคม
Lunedì	วันจันทร์
Martedì	วันอังคาร
Mercoledì	วันพุธ
Mese	เดือน
Novembre	พฤศจิกายน
Ottobre	ตุลาคม
Sabato	วันเสาร์
Settembre	กันยายน
Settimana	สัปดาห์
Venerdì	วันศุกร์

Guida
การขับรถ

Auto	รถ
Autobus	รถเมล์
Carburante	เชื้อเพลิง
Freni	เบรค
Garage	โรงรถ
Gas	แก๊ส
Incidente	อุบัติเหตุ
Licenza	ใบอนุญาต
Mappa	แผนที่
Moto	รถจักรยานยนต์
Motore	เครื่องยนต์
Pedonale	คนเดินเท้า
Pericolo	อันตราย
Polizia	ตำรวจ
Sicurezza	ความปลอดภัย
Strada	ถนน
Traffico	การจราจร
Trasporto	การขนส่ง
Tunnel	อุโมงค์
Velocità	ความเร็ว

Imbarcazioni
เรือ

Albero	เสา
Ancora	สมอ
Barca a Vela	เรือใบ
Boa	ทุ่น
Canoa	แคนู
Corda	เชือก
Dock	ท่าเรือ
Equipaggio	ลูกเรือ
Fiume	แม่น้ำ
Kayak	คายัค
Lago	ทะเลสาบ
Mare	ทะเล
Marinaio	กะลาสี
Motore	เครื่องยนต์
Oceano	มหาสมุทร
Onde	คลื่น
Traghetto	เรือข้ามฟาก
Yacht	เรือยอชท์
Zattera	แพ

Insetti
แมลง

Afide	เพลี้ย
Ape	ผึ้ง
Calabrone	แตน
Cavalletta	ตั๊กแตน
Cicala	จักจั่น
Coccinella	เต่าทอง
Coleottero	ด้วง
Falena	มอด
Farfalla	ผีเสื้อ
Formica	มด
Larva	ตัวอ่อน
Libellula	แมลงปอ
Locusta	ปาทังกา
Mantide	กงแตนแตน
Pulce	เห็บ
Scarafaggio	แมลงสาบ
Termite	ปลวก
Verme	หนอน
Vespa	ต่อ
Zanzara	ยุง

Letteratura
วรรณกรรม

Analisi	การวิเคราะห์
Analogia	อะนาล็อก
Autore	ผู้เขียน
Biografia	ชีวประวัติ
Conclusione	บทสรุป
Critica	บทวิจารณ์
Descrizione	ลักษณะ
Dialogo	บทพูด
Genere	ประเภท
Metafora	คำอุปมา
Narratore	ผู้บรรยาย
Opinione	ความเห็น
Poesia	กลอน
Poetico	บทกวี
Rima	สัมผัส
Ritmo	จังหวะ
Romanzo	นิยาย
Stile	รูปแบบ
Tema	ธีม
Tragedia	โศกนาฏกรรม

Libri
หนังสือ

Autore	ผู้เขียน
Avventura	การผจญภัย
Carattere	อักขระ
Collezione	ชุด
Contesto	บริบท
Dualità	ความเป็นคู่
Epico	มหากาพย์
Inventivo	ประดิษฐ์
Letterario	วรรณกรรม
Lettore	ผู้อ่าน
Narratore	ผู้บรรยาย
Pagina	หน้า
Poesia	บทกวี
Rilevante	ที่เกี่ยวข้อง
Romanzo	นิยาย
Scritto	เขียน
Storia	เรื่องราว
Storico	ประวัติศาสตร์
Tragico	อนาถ
Umoristico	ตลก

Mammiferi
สัตว์เลี้ยงลูกด้วยนม

Balena	วาฬ
Cane	หมา
Canguro	จิงโจ้
Cavallo	ม้า
Cervo	กวาง
Coniglio	กระต่าย
Coyote	โคโยตี้
Delfino	ปลาโลมา
Elefante	ช้าง
Gatto	แมว
Giraffa	ยีราฟ
Gorilla	กอริลลา
Leone	สิงโต
Lupo	หมาป่า
Orso	หมี
Pecora	แกะ
Scimmia	ลิง
Toro	โค
Volpe	ฟ็อกซ์
Zebra	ม้าลาย

Matematica
คณิตศาสตร์

Angoli	มุม
Aritmetica	เลขคณิต
Circonferenza	เส้นรอบวง
Decimale	ทศนิยม
Divisione	แผนก
Equazione	สมการ
Esponente	ตัวแทน
Frazione	เศษส่วน
Geometria	เรขาคณิต
Gradi	องศา
Numeri	หมายเลข
Parallelo	ขนาน
Perimetro	ขอบ
Perpendicolare	ตั้งฉาก
Raggio	รัศมี
Simmetria	สมมาตร
Somma	รวม
Triangolo	สามเหลี่ยม
Volume	ระดับเสียง

Meditazione
การทำสมาธิ

Accettazione	การยอมรับ
Attenzione	ความสนใจ
Calma	สงบ
Chiarezza	ความชัดเจน
Emozioni	อารมณ์
Felicità	ความสุข
Gentilezza	ความเมตตา
Gratitudine	ความกตัญญู
Mentale	จิต
Mente	ใจ
Movimento	การเคลื่อนไหว
Musica	ดนตรี
Natura	ธรรมชาติ
Osservazione	การสังเกต
Pace	สันติภาพ
Pensieri	ความคิด
Postura	ท่าทาง
Prospettiva	มุมมอง
Respirazione	การหายใจ
Silenzio	ความเงียบ

Meteo
สภาพอากาศ

Arcobaleno	สายรุ้ง
Asciutto	แห้ง
Atmosfera	บรรยากาศ
Brezza	บรีซ
Cielo	ท้องฟ้า
Clima	สภาพอากาศ
Fulmine	ฟ้าผ่า
Ghiaccio	น้ำแข็ง
Monsone	มรสุม
Nebbia	หมอก
Nube	คลาวด์
Polare	โพลาร์
Siccità	แล้ง
Temperatura	อุณหภูมิ
Tempesta	พายุ
Tornado	พายุทอร์นาโด
Tropicale	เขตร้อน
Tuono	ฟ้าร้อง
Uragano	พายุเฮอริเคน
Vento	ลม

Misurazioni
การวัด

Altezza	ความสูง
Byte	ไบต์
Centimetro	เซนติเมตร
Chilogrammo	กิโลกรัม
Chilometro	กิโลเมตร
Decimale	ทศนิยม
Grado	องศา
Grammo	กรัม
Larghezza	ความกว้าง
Litro	ลิตร
Lunghezza	ความยาว
Massa	มวล
Metro	เมตร
Minuto	นาที
Oncia	ออนซ์
Peso	น้ำหนัก
Pollice	นิ้ว
Profondità	ความลึก
Tonnellata	ตัน
Volume	ระดับเสียง

Mitologia
ตำนานเทพนิยาย

Archetipo	ต้นแบบ
Comportamento	พฤติกรรม
Creatura	สิ่งมีชีวิต
Creazione	การสร้าง
Cultura	วัฒนธรรม
Disastro	ภัยพิบัติ
Divinità	เทพ
Eroe	ฮีโร่
Forza	แรง
Fulmine	ฟ้าผ่า
Gelosia	ความหึงหวง
Guerriero	นักรบ
Immortalità	อมตภาพ
Labirinto	เขาวงกต
Leggenda	ตำนาน
Magico	วิเศษ
Mortale	ยแร
Mostro	สัตว์ประหลาด
Tuono	ฟ้าร้อง
Vendetta	แก้แค้น

Mobili
เฟอร์นิเจอร์

Amaca	เปลญวน
Armoire	อาร์มัวร์
Cuscini	หมอนอิง
Cuscino	หมอน
Divano	โซฟา
Futon	ฟูก
Lampada	โคมไฟ
Letto	เตียง
Libreria	ตู้หนังสือ
Materasso	ที่นอน
Panca	ม้านั่ง
Scaffali	ชั้นวาง
Scrivania	โต๊ะ
Sedia	เก้าอี้
Specchio	กระจก
Tappeto	พรม
Tende	ผ้าม่าน

Natura
ธรรมชาติ

Animali	สัตว์
Api	ผึ้ง
Artico	อาร์กติก
Bellezza	ความงาม
Deserto	ทะเลทราย
Dinamico	พลวัต
Erosione	ร่อน
Fiume	แม่น้ำ
Fogliame	ใบไม้
Foresta	ป่า
Ghiacciaio	ธารน้ำแข็ง
Montagne	ภูเขา
Nebbia	หมอก
Nuvole	เมฆ
Rifugio	ที่หลบภัย
Scogliere	หน้าผา
Sereno	นิ่ง
Tropicale	เขตร้อน
Vitale	สำคัญมาก

Numeri
ตัวเลข

Cinque	ห้า
Decimale	ทศนิยม
Diciannove	สิบเก้า
Diciassette	สิบเจ็ด
Diciotto	สิบแปด
Dieci	สิบ
Dodici	สิบสอง
Due	สอง
Nove	เก้า
Otto	แปด
Quattordici	สิบสี่
Quattro	สี่
Quindici	สิบห้า
Sedici	สิบหก
Sei	หก
Sette	เจ็ด
Tre	สาม
Tredici	สิบสาม
Venti	ยี่สิบ
Zero	ศูนย์

Nutrizione
โภชนาการ

Amaro	ขม
Appetito	ความกระหาย
Bilanciato	สมดุล
Calorie	แคลอรี่
Carboidrati	คาร์โบไฮเดรต
Commestibile	กินได้
Dieta	อาหาร
Digestione	การย่อย
Fermentazione	การหมัก
Liquidi	ของเหลว
Nutriente	สารอาหาร
Peso	น้ำหนัก
Proteine	โปรตีน
Qualità	คุณภาพ
Salsa	ซอส
Salute	สุขภาพ
Sano	แข็งแรง
Spezie	เครื่องเทศ
Tossina	พิษ
Vitamina	วิตามิน

Oceano
มหาสมุทร

Anguilla	ปลาไหล
Balena	วาฬ
Barca	เรือ
Corallo	ปะการัง
Delfino	ปลาโลมา
Gamberetto	กุ้ง
Granchio	ปู
Maree	น้ำขึ้นน้ำลง
Medusa	แมงกะพรุน
Onde	คลื่น
Ostrica	หอยนางรม
Pesce	ปลา
Polpo	ปลาหมึกยักษ์
Sale	เกลือ
Scogliera	รีฟ
Spugna	ฟองน้ำ
Squalo	ฉลาม
Tartaruga	เต่า
Tempesta	พายุ
Tonno	ทูน่า

Paesaggi
ทิวทัศน์

Cascata	น้ำตก
Collina	เนินเขา
Deserto	ทะเลทราย
Fiume	แม่น้ำ
Geyser	ไกเซอร์
Ghiacciaio	ธารน้ำแข็ง
Grotta	ถ้ำ
Iceberg	ภูเขาน้ำแข็ง
Isola	เกาะ
Lago	ทะเลสาบ
Mare	ทะเล
Montagna	ภูเขา
Oasi	โอเอซิส
Oceano	มหาสมุทร
Palude	บึง
Penisola	คาบสมุทร
Spiaggia	ชายหาด
Tundra	ทุนดรา
Valle	หุบเขา
Vulcano	ภูเขาไฟ

Paesi #2
ประเทศ #2

Albania	แอลเบเนีย
Danimarca	เดนมาร์ก
Etiopia	เอธิโอเปีย
Giamaica	จาไมก้า
Giappone	ญี่ปุ่น
Grecia	กรีซ
Haiti	เฮติ
Indonesia	อินโดนีเซีย
Irlanda	ไอร์แลนด์
Laos	ลาว
Liberia	ไลบีเรีย
Messico	เม็กซิโก
Nepal	เนปาล
Nigeria	ไนจีเรีย
Pakistan	ปากีสถาน
Russia	รัสเซีย
Siria	ซีเรีย
Sudan	ซูดาน
Ucraina	ยูเครน
Uganda	ยูกันดา

Pesca
ตกปลา

Acqua	น้ำ
Attrezzatura	อุปกรณ์
Barca	เรือ
Branchie	เหงือก
Cesto	ตะกร้า
Cucinare	ทำอาหาร
Esca	เหยื่อ
Filo	ลวด
Fiume	แม่น้ำ
Gancio	ตะขอ
Lago	ทะเลสาบ
Mascella	ขากรรไกร
Oceano	มหาสมุทร
Pazienza	ความอดทน
Peso	น้ำหนัก
Pinne	ครีบ
Spiaggia	ชายหาด
Stagione	ฤดู

Piante
พืช

Albero	ต้นไม้
Bacca	เบอร์รี่
Bambù	ไม้ไผ่
Botanica	พฤกษศาสตร์
Cactus	กระบองเพชร
Cespuglio	บุช
Crescere	เติบโต
Edera	ไอวี่
Erba	หญ้า
Fagiolo	ถั่ว
Fertilizzante	ปุ๋ย
Fiore	ดอกไม้
Flora	ฟลอรา
Fogliame	ใบไม้
Foresta	ป่า
Giardino	สวน
Muschio	มอสส์
Petalo	กลีบ
Radice	ราก
Vegetazione	พืช

Pirati
โจรสลัด

Ancora	สมอ
Avventura	การผจญภัย
Bandiera	ธง
Bussola	เข็มทิศ
Capitano	กัปตัน
Cattivo	แย่
Cicatrice	แผลเป็น
Equipaggio	ลูกเรือ
Grotta	ถ้ำ
Isola	เกาะ
Leggenda	ตำนาน
Mappa	แผนที่
Monete	เหรียญ
Oro	ทอง
Pappagallo	นกแก้ว
Pericolo	อันตราย
Rum	รัม
Spada	ดาบ
Spiaggia	ชายหาด
Tesoro	สมบัติ

Professioni #1
วิชาชีพ #1

Allenatore	โค้ช
Ambasciatore	เอกอัครราชทูต
Artista	ศิลปิน
Astronomo	นักดาราศาสตร์
Avvocato	ทนายความ
Ballerino	นักเต้น
Banchiere	นายธนาคาร
Cacciatore	ฮันเตอร์
Editore	บรรณาธิการ
Farmacista	เภสัชกร
Geologo	นักธรณีวิทยา
Gioielliere	อัญมณี
Idraulico	ช่างประปา
Infermiera	พยาบาล
Marinaio	กะลาสี
Medico	หมอ
Musicista	นักดนตรี
Pianista	นักเปียโน
Psicologo	นักจิตวิทยา
Veterinario	สัตวแพทย์

Professioni #2
วิชาชีพ #2

Astronauta	นักบินอวกาศ
Bibliotecario	บรรณารักษ์
Biologo	นักชีววิทยา
Chirurgo	ศัลยแพทย์
Dentista	ทันตแพทย์
Detective	นักสืบ
Filosofo	นักปรัชญา
Fotografo	ช่างภาพ
Giardiniere	คนสวน
Giornalista	นักข่าว
Ingegnere	วิศวกร
Insegnante	ครู
Inventore	นักประดิษฐ์
Investigatore	ผู้สอบสวน
Linguista	นักภาษาศาสตร์
Medico	แพทย์
Pilota	นักบิน
Pittore	จิตรกร
Ricercatore	นักวิจัย
Zoologo	นักสัตววิทยา

Riempire
เพื่อเติมเต็ม

Bacino	อ่าง
Barile	บาร์เรล
Borsa	ถุง
Bottiglia	ขวด
Busta	ซองจดหมาย
Cartella	โฟลเดอร์
Cartone	กล่องกระดาษ
Cassa	ลัง
Cassetto	ลิ้นชัก
Cesto	ตะกร้า
Pacchetto	ห่อ
Scatola	กล่อง
Secchio	ถัง
Tasca	กระเป๋า
Tubo	หลอด
Vasca	อ่างอาบน้ำ
Vaso	แจกัน
Vassoio	ถาด

Ristorante #1
ร้านอาหาร #1

Allergia	ภูมิแพ้
Caffè	กาแฟ
Cameriera	พนักงานเสิร์ฟ
Carne	เนื้อ
Cassiere	แคชเชียร์
Cibo	อาหาร
Ciotola	ชาม
Coltello	มีด
Cucina	ครัว
Dessert	ขนม
Ingredienti	ส่วนผสม
Mangiare	กิน
Menù	เมนู
Pane	ขนมปัง
Piatto	จาน
Piccante	เผ็ด
Pollo	ไก่
Prenotazione	การจอง
Salsa	ซอส
Tovagliolo	ผ้าเช็ดปาก

Ristorante #2
ร้านอาหาร #2

Acqua	น้ำ
Bevanda	เครื่องดื่ม
Cameriere	บริกร
Cena	อาหารเย็น
Cucchiaio	ช้อน
Delizioso	อร่อย
Forchetta	ส้อม
Frutta	ผลไม้
Ghiaccio	น้ำแข็ง
Insalata	สลัด
Minestra	ซุป
Pesce	ปลา
Pranzo	อาหารกลางวัน
Sale	เกลือ
Sedia	เก้าอี้
Spezie	เครื่องเทศ
Torta	เค้ก
Uova	ไข่
Verdure	ผัก

Scacchi
หมากรุก

Avversario	คู่แข่ง
Bianco	ขาว
Campione	แชมป์
Diagonale	เส้นทแยงมุม
Giocatore	ผู้เล่น
Gioco	เกม
Intelligente	ฉลาด
Nero	สีดำ
Passivo	รู
Per Imparare	เรียนรู้
Punti	คะแนน
Re	กษัตริย์
Regina	ควีน
Regole	กฎ
Sacrificio	อุทิศ
Sfide	ความท้าทาย
Strategia	กลยุทธ์
Tempo	เวลา
Torneo	การแข่งขัน

Scienza
วิทยาศาสตร์

Atomo	อะตอม
Chimico	เคมี
Clima	ภูมิอากาศ
Dati	ข้อมูล
Esperimento	การทดลอง
Evoluzione	วิวัฒนาการ
Fatto	ข้อเท็จจริง
Fisica	ฟิสิกส์
Fossile	ฟอสซิล
Gravità	แรงโน้มถ่วง
Ipotesi	สมมติฐาน
Metodo	วิธี
Minerali	แร่ธาตุ
Molecole	โมเลกุล
Natura	ธรรมชาติ
Organismo	สิ่งมีชีวิต
Osservazione	การสังเกต
Particelle	อนุภาค
Piante	พืช

Scuola #1
โรงเรียน #1

Alfabeto	ตัวอักษร
Amici	เพื่อน
Aula	ห้องเรียน
Biblioteca	ห้องสมุด
Carta	กระดาษ
Cartelle	โฟลเดอร์
Divertimento	สนุก
Esami	สอบ
Insegnante	ครู
Libri	หนังสือ
Matematica	คณิตศาสตร์
Matita	ดินสอ
Numeri	หมายเลข
Penne	ปากกา
Per Imparare	เรียนรู้
Pranzo	อาหารกลางวัน
Risposte	ตอบ
Scrivania	โต๊ะ
Sedia	เก้าอี้

Scuola #2
โรงเรียน #2

Apprendimento	การเรียนรู้
Autobus	รถเมล์
Biblioteca	ห้องสมุด
Calendario	ปฏิทิน
Carta	กระดาษ
Computer	คอมพิวเตอร์
Dizionario	พจนานุกรม
Educazione	การศึกษา
Forbici	กรรไกร
Giochi	เกม
Grammatica	ไวยากรณ์
Insegnante	ครู
Letteratura	วรรณกรรม
Lettura	การอ่าน
Libri	หนังสือ
Matematica	คณิตศาสตร์
Matita	ดินสอ
Quiz	แบบทดสอบ
Scarpe	รองเท้า
Scienza	วิทยาศาสตร์

Spezie
เครื่องเทศ

Aglio	กระเทียม
Amaro	ขม
Anice	โป๊ยกั๊ก
Cannella	อบเชย
Cardamomo	กระวาน
Cipolla	หัวหอม
Coriandolo	ผักชี
Cumino	ผงยี่หร่า
Curcuma	ขมิ้น
Curry	แกง
Dolce	หวาน
Finocchio	เม็ดยี่หร่า
Liquirizia	ชะเอมเทศ
Noce Moscata	นัทเม็ก
Paprika	ปาปริก้า
Pepe	พริกไทย
Sale	เกลือ
Vaniglia	วนิลา
Zafferano	หญ้าฝรั่น
Zenzero	ขิง

Spiaggia
ชายหาด

Asciugamano	ผ้าขนหนู
Barca	เรือ
Barca a Vela	เรือใบ
Blu	สีน้ำเงิน
Costa	ชายฝั่ง
Dock	ท่าเรือ
Granchio	ปู
Isola	เกาะ
Laguna	ลากูน
Mare	ทะเล
Oceano	มหาสมุทร
Ombrello	ร่ม
Sabbia	ทราย
Sandali	รองเท้าแตะ
Scogliera	รีฟ
Sole	ดวงอาทิตย์
Vacanza	วันหยุด

Sport
กีฬา

Allenatore	โค้ช
Arbitro	ผู้ตัดสิน
Atleta	นักกีฬา
Baseball	เบสบอล
Basket	บาสเกตบอล
Bicicletta	จักรยาน
Campionato	ชิงแชมป์
Ginnastica	ยิมนาสติก
Giocatore	ผู้เล่น
Gioco	เกม
Golf	กอล์ฟ
Hockey	ฮอกกี้
Movimento	การเคลื่อนไหว
Palestra	โรงยิม
Squadra	ทีม
Stadio	สนามกีฬา
Tennis	เทนนิส
Vincitore	ผู้ชนะ

Strumenti
เครื่องมือ

Ascia	ขวาน
Cavo	สายเคเบิล
Colla	กาว
Coltello	มีด
Corda	เชือก
Forbici	กรรไกร
Maglio	ตะลุมพุก
Martello	ค้อน
Pala	พลั่ว
Pinze	คีม
Rasoio	มีดโกน
Righello	ไม้บรรทัด
Ruota	ล้อ
Scala	บันได
Torcia	คบเพลิง
Vite	สกรู

Strumenti Musicali
เครื่องดนตรี

Armonica	ฮาร์โมนิก้า
Arpa	ฮาร์ป
Bacchette	ไม้ตีกลอง
Banjo	แบนโจ
Chitarra	กีตาร์
Clarinetto	คลาริเน็ต
Fagotto	ปี่บาสซูน
Flauto	ขลุ่ย
Gong	ฆ้อง
Mandolino	แมนโดลิน
Marimba	มาริมบา
Oboe	โอโบ
Pianoforte	เปียโน
Sassofono	แซกโซโฟน
Tamburello	แทมบูรีน
Tamburo	กลอง
Tromba	แตร
Trombone	ทรอมโบน
Violino	ไวโอลิน
Violoncello	เชลโล

Surf
โต้คลื่น

Atleta	นักกีฬา
Campione	แชมป์
Divertimento	สนุก
Estremo	สุดขีด
Folla	ฝูงชน
Forza	แรง
Meteo	สภาพอากาศ
Oceano	มหาสมุทร
Onda	คลื่น
Popolare	เป็นที่นิยม
Principiante	มือใหม่
Schiuma	โฟม
Scogliera	รีฟ
Spiaggia	ชายหาด
Spray	สเปรย์
Stile	รูปแบบ
Stomaco	ท้อง
Velocità	ความเร็ว

Tecnologia
เทคโนโลยี

Blog	บล็อก
Browser	เบราว์เซอร์
Byte	ไบต์
Computer	คอมพิวเตอร์
Cursore	เคอร์เซอร์
Dati	ข้อมูล
Digitale	ดิจิทัล
File	ไฟล์
Font	แบบอักษร
Internet	อินเทอร์เน็ต
Messaggio	ข้อความ
Ricerca	วิจัย
Schermo	หน้าจอ
Sicurezza	ความปลอดภัย
Software	ซอฟต์แวร์
Statistiche	สถิติ
Telecamera	กล้อง
Virtuale	เสมือน
Virus	ไวรัส

Tempo
เวลา

Anno	ปี
Annuale	ประจำปี
Calendario	ปฏิทิน
Decennio	ทศวรรษ
Dopo	หลังจาก
Futuro	อนาคต
Giorno	วัน
Ieri	เมื่อวาน
Mattina	เช้า
Mese	เดือน
Mezzogiorno	เที่ยง
Minuto	นาที
Notte	กลางคืน
Oggi	วันนี้
Ora	ชั่วโมง
Orologio	นาฬิกา
Presto	ในไม่ช้า
Prima	ก่อน
Secolo	ศตวรรษ
Settimana	สัปดาห์

Tipi di Capelli
ประเภทผม

Argento	เงิน
Asciutto	แห้ง
Bianco	ขาว
Biondo	สีบลอนด์
Breve	สั้น
Calvo	หัวล้าน
Colorato	สี
Grigio	สีเทา
Intrecciato	ถัก
Liscio	เรียบ
Lungo	ยาว
Marrone	สีน้ำตาล
Morbido	อ่อนนุ่ม
Nero	สีดำ
Ondulato	หยัก
Riccio	หยิก
Sano	แข็งแรง
Sottile	บาง
Spessore	หนา
Trecce	ถักเปีย

Uccelli
นก

Airone	กระสา
Anatra	เป็ด
Aquila	อินทรี
Cicogna	นกกระสา
Cigno	หงส์
Cuculo	นกกาเหว่า
Falco	เหยี่ยว
Fenicottero	ฟลามิงโก
Gabbiano	นางนวล
Oca	ห่าน
Pappagallo	นกแก้ว
Passero	กระจอก
Pavone	นกยูง
Pellicano	นกกระทุง
Piccione	นกพิราบ
Pinguino	เพนกวิน
Pollo	ไก่
Struzzo	นกกระจอกเทศ
Tucano	ทูแคน
Uovo	ไข่

Vacanze #2
วันหยุด #2

Aeroporto	สนามบิน
Destinazione	ปลายทาง
Foto	ภาพถ่าย
Hotel	โรงแรม
Isola	เกาะ
Mappa	แผนที่
Mare	ทะเล
Montagne	ภูเขา
Prenotazioni	จอง
Ristorante	ร้านอาหาร
Spiaggia	ชายหาด
Straniero	ชาวต่างชาติ
Taxi	แท็กซี่
Tempo Libero	เวลาว่าง
Tenda	เต็นท์
Trasporto	การขนส่ง
Treno	รถไฟ
Vacanza	วันหยุด
Viaggio	การเดินทาง
Visto	วีซ่า

Veicoli
ยานพาหนะ

Aereo	เครื่องบิน
Ambulanza	รถพยาบาล
Auto	รถ
Autobus	รถเมล์
Barca	เรือ
Bicicletta	จักรยาน
Camion	รถบรรทุก
Caravan	คาราวาน
Elicottero	เฮลิคอปเตอร์
Metropolitana	รถไฟใต้ดิน
Motore	เครื่องยนต์
Pneumatici	ยาง
Razzo	จรวด
Scooter	สกู๊ตเตอร์
Sottomarino	เรือดำน้ำ
Taxi	แท็กซี่
Traghetto	เรือข้ามฟาก
Trattore	รถแทรกเตอร์
Treno	รถไฟ
Zattera	แพ

Verdure
ผักสด

Aglio	กระเทียม
Broccolo	บรอกโคลี
Carciofo	อาติโช๊ค
Carota	แครอท
Cetriolo	แตงกวา
Cipolla	หัวหอม
Fungo	เห็ด
Insalata	สลัด
Melanzana	มะเขือ
Patata	มันฝรั่ง
Pisello	ถั่ว
Pomodoro	มะเขือเทศ
Prezzemolo	ผักชีฝรั่ง
Rapa	หัวผักกาด
Ravanello	หัวไชเท้า
Scalogno	หอม
Sedano	ขึ้นฉ่าย
Spinaci	ผักโขม
Zenzero	ขิง
Zucca	ฟักทอง

Vestiti
เสื้อผ้า

Abito	ชุด
Braccialetto	สร้อยข้อมือ
Calzini	ถุงเท้า
Camicia	เสื้อ
Cappello	หมวก
Cappotto	เสื้อโค้ท
Cintura	เข็มขัด
Collana	สร้อยคอ
Giacca	แจ็คเก็ต
Gonna	กระโปรง
Grembiule	ผ้ากันเปื้อน
Guanti	ถุงมือ
Jeans	ยีนส์
Maglione	เสื้อคลุม
Moda	แฟชั่น
Pantaloni	กางเกง
Pigiama	ชุดนอน
Sandali	รองเท้าแตะ
Scarpa	รองเท้า
Sciarpa	ผ้าพันคอ

Congratulazioni

Ce l'hai fatta!

Speriamo che questo libro vi sia piaciuto tanto quanto a noi è piaciuto concepirlo. Ci sforziamo di creare libri della più alta qualità possibile.
Questa edizione è progettata per fornire un apprendimento intelligente, di qualità e divertente!

Le è piaciuto questo libro?

Una Semplice Richiesta

Questi libri esistono grazie alle recensioni che pubblicate.

Puoi aiutarci lasciando una recensione
ora a questo link ?

BestBooksActivity.com/Recensioni50

SFIDA FINALE!

Sfida n°1

Sei pronto per il tuo gioco gratuito? Li usiamo sempre, ma non sono così facili da trovare - ecco i **Sinonimi!**

Scrivi 5 parole che hai trovato nei puzzle (n° 21, n° 36, n° 76) e prova a trovare 2 sinonimi per ogni parola.

Scrivi 5 parole del **Puzzle 21**

Parole	Sinonimo 1	Sinonimo 2

Scrivi 5 parole del **Puzzle 36**

Parole	Sinonimo 1	Sinonimo 2

Scrivi 5 parole del **Puzzle 76**

Parole	Sinonimo 1	Sinonimo 2

Sfida n°2

Ora che ti sei riscaldato, scrivi 5 parole che hai trovato nei puzzle n° 9, n° 17 e n° 25 e cerca di trovare 2 contrari per ogni parola. Quanti ne puoi trovare in 20 minuti?

Scrivi 5 parole del **Puzzle 9**

Parole	Antonimo 1	Antonimo 2

Scrivi 5 parole del **Puzzle 17**

Parole	Antonimo 1	Antonimo 2

Scrivi 5 parole del **Puzzle 25**

Parole	Antonimo 1	Antonimo 2

Sfida n°3

Grande! Questa sfida non è niente per te!

Pronto per la sfida finale? Scegli 10 parole che hai scoperto nei diversi puzzle e scrivile qui sotto.

1.	6.
2.	7.
3.	8.
4.	9.
5.	10.

Ora scrivi un testo pensando a una persona, un animale o un luogo che ti piace.

Puoi usare l'ultima pagina di questo libro come bozza.

La tua composizione:

TACCUINO:

A PRESTO!

Tutta la Squadra

SCOPRIRE GIOCHI GRATIS

GO

↓

BESTACTIVITYBOOKS.COM/FREEGAMES

www.ingramcontent.com/pod-product-compliance
Lightning Source LLC
Chambersburg PA
CBHW082050120626
46553CB00011B/3345
* 9 7 9 8 8 9 6 7 0 5 0 7 9 *